K的城（代序）

决定去布拉格？

因为一个人，卡夫卡或者米兰·昆德拉；因为一本书，《生命中不能承受之轻》或者《底层的珍珠》；因为一部电影，《严密监视的列车》或者《柯利亚》；因为一张约瑟夫·寇德卡的照片，一支德沃夏克的曲子，一首马哈的诗，一面纪念约翰·列侬的墙。好吧。

来，走到老城广场，看看《布拉格之恋》的场景；走进金虎酒馆，坐坐赫拉巴尔的椅子，点一杯12度的比尔森啤酒，去庄园剧院看一场《唐璜》；去斯拉维耶咖啡馆喝一杯捷克式苦艾；穿过新城，路过一下焦街10号，曾经过于喧嚣的孤独；或者穿过伏尔塔瓦河，走向城堡，走向黄金巷22号，那里有卡夫卡打开的门，注视过的山谷。

你说，不，不因为任何人、任何文学和爱情，只是想去个地方，只是喜欢这个名字。好吧。

来，走进"新世界"，走进一条空无一人的小巷；走进老查理街，找一家戏院看一出黑光剧；在下一座开着门的教堂为下一个梦点一支蜡烛；去哈维尔集市喝一杯热红酒；或者上一辆有轨电车去利本尼区，找个蓝领小馆儿，沉没。

无论如何,你走进了这座城。

一定有美好的偶然与巧合。你会在一张安静的祭坛画中看到一个似曾相识的面孔;在第七区的某个墙角会看见一行小字:"艺术是一种病毒。"在天使地铁站,在自动扶梯交错时,有人穿着和你一样的外衣;在正午的共和国广场,你会遇到一个借火柴的人;在黄昏,不经意看一眼街灯,它就为你亮了;在一间二手书店会翻到一张旧明信片,上面写着你出生的日期。

你看见一些令人气馁的东西。比如,复制、粘贴在全世界的大型连锁快餐店;比如,汹涌而盲目的游客;比如,过度粉饰、展示、陈列的街、店铺和被遮蔽的生活;比如,被过度消费的卡夫卡、帅克、穆夏;比如,你为之而来但已永远失去的事物。

你看见尼采说的神秘。它来自那些无所不在的注视,来自站在屋檐下的巴洛克雕像,来自街头风中的木偶,来自复杂的小巷,无端地走不到尽头,无端地与什么人相逢。来自这座城自身的微明的光,这种光让晴朗的日子不至于轻浮,让阴沉的天气得救。

这一切来自这个字母"K",K是卡夫卡,K是约瑟夫·K,这是K的城。

"布拉格",捷克语是"Praha"。

诗人塞弗尔特说:"就这个城市的名字来说,在我们发音吐字颇为柔和的母语中,它属于母亲、妇女和情人的性别。"

你得面对某些深沉的情感,面对她的克制。

没有疯狂的高楼和漫出堤岸的胜利。就算是昂贵的巴黎大道,金钱的油脂也无法与岁月匹敌,岁月是石头,是沉默。

她把王冠擦亮锁进城堡深处,把弹坑也填平,把不喜欢的路名改了，洗干净衣裳，换了新的被子，铺好了白纸。伤口没什么了不起，生活本身就是永远不愈合，有罪的人和无辜者一样满目疮痍，焰火的下一分钟就是被践踏。她知道，她什么也不说。没有人大声哭泣，只是，把酒倒满。

每个夜晚，每一道墙背后，都有人把酒倒满。

她容忍了外来者和异教徒，她打开了几乎所有的门，让陌生人看，这就是远方。

即使划完了她的所有清单，你依然会怅然若失。不要去试探她，也不要追问她的心情，她也不会回答。

所以，以一座城的克制，到此为止。

老城
Staré Město / Old Town

广　场

　　这是连续的第九个阴天。

　　在布拉格，一种克制的情绪已经绵延了整个秋季。喜悦和忧愁都得不到声张。每天都有经久不息的云层。偶尔的冷雨和风。大量的空白和潮湿的灰色，街道、墙壁、玻璃，长长的没有影子的时间。伞、霉菌。伏尔塔瓦河没有激流，也没有什么无端的声响和光。这种克制不断强化着这座城市的神秘和欲望。在城堡，在佩特任山，在哥特钟楼密布的尖顶，在红瓦、青铜之上，金十字之上，站立于屋顶的雕像，巴洛克的石头肌肉与衣褶之中，在有轨电车的前行和钢轨反复的战栗之上，在树的安静和叶子坠落带来的渺小的光明之中，在烟蒂熄灭之际，在啤酒泡沫高涨之际，也在这只昆虫滞重的飞行途中，在它的甲翅之上，大城孤悬。

　　终于，一只杯子在"卡夫卡广场"打碎了。

　　伏尔塔瓦河流过布拉格时有一个大弯折，老城在右岸。9世纪，这里已散落着人家和市场。1100年的记录中已有商业、军政活动，形成了"布拉格镇"。那时有13个城门。14世纪，查理四世建了"新城"，"老城"

广场

老城
Staré Město/Old Town

这个名字才开始用。

1717 年，在老城广场北端，圣尼古拉斯教堂边上，卡布洛瓦（Kaprova）和梅瑟洛瓦（Maiselova）两条街的转角处，建造了一幢房子，作为神甫的居所。1787 年，修道院解散，神甫走了，搬来了市民。那时，这座建筑名叫"塔楼"。1883 年 7 月 3 日，弗兰茨·卡夫卡出生于此。"Kafka"在捷克语中意为"寒鸦"。

卡夫卡一家在这儿住了两年。

1897 年，着过一场火，建筑被毁，唯一留下的只有门廊，一直到现在，嵌在新公寓的入口，像一道旧补丁。1965 年，在两面墙的边界，钉上了捷克雕塑家卡尔·赫拉吉克制作的卡夫卡的青铜头像，在所有人都看得到的地方。守着门前的一小块空旷，所谓"卡夫卡广场"（Náměstí Franze Kafky）。

杯子属于广场上昂贵的"卡夫卡咖啡馆"，打碎它的姑娘无措地看着迅速沉没的黑色液体和此刻布拉格最新鲜的碎片。圣尼古拉斯教堂台阶下，卖艺者的萨克斯有了一次不易察觉的停顿。广场另一边的饭馆儿，两个在门外抽烟的侍者，默默地微笑。

咖啡馆石头拱门之上，一幅黑白照片之中，是卡夫卡永远年轻的目光。

目光尽头就是老城广场。

一片古老建筑围绕的辽阔。宫殿屋顶熟透的颜色、老虎窗的灰尘、石头花纹里的雨迹，有人奔跑着制造巨大的肥皂泡，挥动手中的幻象和阴天。一队正在演奏的乐手，迅速消散的琴声和走不远的歌，几个扮成雕像的人，在童车里扮成婴儿的小丑，旋转的舞者，兜售纪念物的人，突然强烈的马匹的味道、蹄声，19 世纪的车夫，大块的翻滚的烤肉已经

卡夫卡出生地

金黄,下面的火,木柴爆裂的声音、浓烟、热红酒的蒸汽和黏稠。让这一切具有意义的是这些不断涌入的成群激昂的游客,他们不介意寒冷和没有太阳的天空,不必配合秋天的克制,他们拍照、呼喊,说着不同语言,带着占领者的盲目的力量,扑向布拉格。找不到消磨者和无所事事的人,他们早已被赶出了这个广场。

11世纪,这里是集市,是布拉格的旧镜子。大事小情都与广场相关,一个人的爱与恨,一座城的罪与罚。

广 场

伊凡·克里玛说:"无疑地,它具体展示了捷克历史的重负。"

广场沉着应对着涌入者。胡斯纪念碑流淌着青铜。胡斯,就是那个伫立的人,生于1370年,哲学家和宗教改革先驱,曾任查理大学校长。因为反对教皇的赎罪券,1415年被教廷处以火刑。19世纪,他成为反抗哈布斯堡王朝统治的象征。雕像立于1915年,以纪念胡斯殉教500年。

1989年1月,一个冬夜,赫拉巴尔从他热爱的金虎酒馆儿出来,穿过老城广场回家。他看见胡斯塑像的阴影打在金斯基宫明亮的粉色墙上。那一刻有笛声传来,从塑像中心飘升。他被打动了,那笛声一如变革的前兆。

赫拉巴尔在《致杜本卡的信》中写:"杜本卡,我不禁想起布拉格的老城广场,那座胡斯纪念碑,自天鹅绒革命以来,永远都菌集着青年人,他们遍布台阶,甚至基底,任何可以坐的地方,你发现这些年轻人,在胡斯像面前的摇滚乐队,他们坐在台阶上抵着自己的膝盖写明信片,来自布拉格的问候。……这座纪念碑是一张期票,只能在天鹅绒革命期间才能兑换,当拉斐尔·库贝利克指挥他的交响乐团奏响斯美塔那的《我的祖国》的一刻……"

一行铭文:"彼此相爱,愿真理抵达每一个人。"

广场两端,各有一座教堂。北边,圣尼古拉斯教堂建于1732到1737年,巴洛克风格。有美丽的湿壁画。南边,泰恩教堂,14世纪的哥特建筑,钟楼高80米,是老城的地标。1673年的管风琴是布拉格最古老的,也是欧洲17世纪管风琴的杰作。1601年,伟大的丹麦天文学家第谷·布拉赫安葬在这里。斯美塔那的葬礼也是在这里举行。

祈祷的人

"她来到老城广场,这里有泰恩教堂严峻的塔尖,哥特式建筑不规则的长方形,以及巴洛克式的建筑。"她是特丽莎,《生命中不能承受之轻》的女主角。1982年,美国导演菲利普·考夫曼把米兰·昆德拉的小说拍成电影《布拉格之恋》,丹尼尔·戴-刘易斯、朱丽叶·比诺什主演。片中,托马斯在失去医生工作之后,就曾在这个广场清洗过玻璃。

米洛什·福曼在捷克电影学院曾是昆德拉的学生,《生命中不能承受之轻》也是他热爱的作品。考夫曼说:"米洛什在我之前曾想把这本书拍成电影,可是他的两个儿子还住在布拉格,这对他来说非常危险。他知道我非常喜欢这本书,所以打电话来问我是否感兴趣。"

电影的编剧有三个人:考夫曼、昆德拉、让-克劳德·卡里埃尔。后者是法国作家,大师级编剧,与布努埃尔合作过《资产阶级的审慎魅力》,与路易·马勒合作过《玛利亚万岁》,与施隆多夫合作过《铁皮鼓》。

考夫曼说:"我努力要把它拍出来,努力与让-克劳德合作,努力与昆德拉合作,努力还原昆德拉这部伟大作品。而这本书是哲学方式的,并有自己的音乐属性。我们扩展了故事线，加入了戏剧性，同时忠于原著，无论这意味着什么。以我们的方式忠实于他，我希望我们能够做到。这非常复杂，我们花了很长时间，包括花了很长时间寻找演员。"

出于政治原因，电影并不是在布拉格拍的，而是在法国和瑞士。其中苏联士兵入侵布拉格的情节，外景地在里昂。从博物馆借来20辆原装苏联坦克在街巷上往复来去。电影中，这组镜头与纪录片中的历史画面完美契合。

有一个桥段，比诺什在街头拍照，之后，冲洗胶卷，她拿出一张照片，是布拉格街头的民众。而那张照片上的人正是考夫曼和妻子、儿子。拍摄地是旧金山。考夫曼说："它看起来就像是布拉格，这是我进入电影的方式。它被用来作为例证说明随处都在发生的事。"

电影中有一系列镜头凝视这些老城广场上的宗教建筑，其中就有泰恩教堂、圣尼古拉斯教堂的尖顶和雕像。

电影音乐是20世纪初捷克著名作曲家莱奥什·亚那切克的作品，忧郁、焦虑。片中，歌手玛塔·库比绍娃用捷克语演唱了甲壳虫乐队的《嘿！朱迪》。

昆德拉作为影片顾问协助了摄制工作，比如托马斯在特丽莎入睡时口中所念的那段诗就是他特别为影片而创作的。

"昆德拉告诉我，他曾在布拉格教编剧，米洛什曾跟他学习过。他说对于原著你必须有所突破。影片完成后，我在巴黎接受采访时说，昆德拉告诉我要突破原著……我也这样做了。而到意大利的时候，报纸的标题说我背叛了米兰·昆德拉，这是断章取义。我从未以过于奇怪或性感的方式来更改原作。对于原著必须是以直接的爱和力量来靠近。昆德

拉看过之后说,非常非常非常喜欢这部电影。"这是考夫曼的说法。

不过,昆德拉后来说,这部电影的精神同他的小说以及小说中的人物的关联非常有限。在这次经验之后,昆德拉不再允许他的作品改编成电影。

米兰·昆德拉在捷克生活了45年,大部分时间在布拉格。

1975年离开时,移民官递给他一个地球仪,他慢慢转动着,寻找自己想去的地方。最后他问移民官:"您还有别的地球仪吗?"

1981年,他被归化为法国公民。1990年,他写作了最后一部捷克语小说《不朽》。晚年,他自称为法国作家。

在捷克知识分子中存在着一种对昆德拉的"敌意"和"反感",这被昆德拉的拥趸解释为"嫉妒"。对此,伊凡·克里玛曾说,"但是我认为问题并不那么简单","依我看,它部分地是由于昆德拉用来表达他的捷克经验的那种简化和展览式的方式引起的";"进一步说,他所表达的经验,人们也许会说,和他1968年前身为前制度的一名十分投入和受到嘉奖的追随者的身份很不协调"。此外,"当昆德拉获得他最深最广泛世界声誉的时候,捷克文化正处于困苦斗争之中。……昆德拉身处所有这些努力之外"。

昆德拉说:"这是一个流行离开的世界,我们都不擅长告别。"

1989年,巴黎的一家电影院正在放映伊利·曼佐导演、根据赫拉巴尔小说《线上的云雀》改编的影片。观众很少。其中就有热泪盈眶的昆德拉和他的妻子薇拉。"我们注定是扎根于前半生的,即使后半生充满了强烈的和令人感动的经历。"

此刻,游荡是不现实的,只有穿过,汹涌的异乡人,他们手中类似盲杖的指着天空的自拍杆。对于广场的美,他们的感受更为强烈和正常。

老城
广场
Staré Město/Old Town

广场的热红酒

卡夫卡从未远离这个广场。除出生地之外，广场边还有过他的两个家。

一个，就是这幢16世纪的文艺复兴建筑，外墙遍布以古希腊神话为题材的灰泥浮雕。这里曾是药房，起名"白狮屋"，一角仍有白狮塑像。现在的名字是"分钟屋"。1889年，卡夫卡一家搬来。他的三个妹妹埃莉（Ellie）、瓦丽（Valli）、奥特拉（Ottla）就在这儿出生。工作日，卡夫卡的父母都不在家，母亲为家族企业做事，每天工作长达12个小时。卡夫卡在写给米莱娜·杰森斯卡的信中描述，小时候，他就是从这里出

009

门,由厨娘陪着,向东穿过广场,前往肉市大街的德意志男子小学读书。在这座楼,卡夫卡一直住到1892年。

另一个,必须要再度穿过人群。

17年后,1913年11月,卡夫卡一家再次搬回广场,在北端,这幢临近巴黎街的房子,四层新巴洛克风格高级公寓——"奥佩尔特屋",六个房间,大而舒适。卡夫卡的房间在四层的一角。1945年,这幢建筑在战争中损毁。1946年重修时,去掉了顶楼,包括卡夫卡的房间。

在这个不复存在的房间里,卡夫卡写了《饥饿艺术家》和未完成的《城堡》。从公寓的窗子,卡夫卡可以看到他生活过的几乎所有地方。有一次,他和他的希伯来语老师站在那窗前,看着窗外的广场,卡夫卡指着说:"那是我的中学,后面你可以看到大学,再远一点儿的左手是我的办公室。"他以手指画着圆环:"这个狭小的圈子囊括了我的全部生活。"

1914年8月,31岁时,卡夫卡第一次搬出父母家,先是住在妹妹瓦丽的公寓,此后,卡夫卡还住过妹妹埃莉的房子,也租过另外几处地方。

1918年10月,卡夫卡搬回父母家。此间,他多次进出疗养院。1922年,他开始创作小说《城堡》,从2月到6月,在奥尔佩特屋,他写作了《城堡》的第6章到16章。

这是卡夫卡最后的家。

赫拉巴尔所说的"粉色宫殿"——金斯基宫,广场12号,在胡斯纪念碑东边,洛可可风格,像一块过度装饰的点心,遍布奶油雕花和糖。建筑于1755至1765年,最初是葛兹伯爵的宅邸,1768年,被贵族金斯基家族买下,出身富贵。

1843年6月9日,奥地利小说家贝尔塔·冯·苏特纳出生在这幢建筑中，并在此度过童年。后来，她做了诺贝尔的秘书。1905年，她成为获得诺贝尔和平奖的第一位女性。

这里也是德意志阿尔特斯泰特中学旧地。1893年9月，少年卡夫卡考入这所面向古典文学的文法类学校，学生大多数是犹太人。教学以德语进行，卡夫卡也学习和使用捷克语，他的德语带着捷克语口音，但他从未认为自己的捷克语说得流利。在"不可想象的无力感"中，他在这儿学习了8年，成绩优秀。在此，他与奥斯卡·波拉克建立了一生的友谊。1901年9月，卡夫卡通过了高级中学的结业考试。

1912年，他的父亲将采莱特纳街的店铺也搬到了虚荣的金斯基宫，在底楼右侧开了"赫曼·卡夫卡服饰品店"，一直经营到1918年。

1949年之后，金斯基宫成为国家美术馆的一部分。

"我写的书都与您有关，我在书里无非是倾诉了当着您的面无法倾诉的话。"这句话出自卡夫卡《致父亲的信》。多年后，有人在卡夫卡父亲店铺的原址，开了一间书店，黑底白字的招牌："卡夫卡书店。"

店面不大，卖卡夫卡写的所有书，德语、捷克语、英语、法语，《审判》《城堡》《乡村医生》《在流放地》……卡夫卡的目光无所不在，来自这些书的封面，来自不断重复的几张黑白照片，来自被局部放大的眼睛，这些目光高挂在墙上，镶在镜框之中，贴在窗子的阴天里，印在明信片和包装袋上。

只有一张海报，画着卡夫卡的背影、黑色礼帽、大衣，他走在一条无法分辨白天与夜晚的街，他的头顶，布拉格的天空飘满了句子。

广场上的房子没有一座是简单的。

布拉格时间
TIME IN PRAGUE

卡夫卡书店

卡夫卡书店的窗子

一墙之隔，13号。一幢早期哥特建筑。因屋角的石头铃铛，得名"石铃屋"。传言，13世纪由王室建造，传言，查理四世和他的母亲曾住在这儿。传言还有很多。1685年，重建时曾改为巴洛克风格，1961年再次恢复成哥特式。1949年，赫拉巴尔初到布拉格，他租住的公寓就在这里。

现在它属于布拉格城市美术馆，展览多是现当代艺术。

广场15号，"白色独角兽"，原是两幢相连的哥特房子，从16世纪到19世纪，风格随主人、时代变换。从文艺复兴到巴洛克。在这幢建筑中，卡夫卡曾听过爱因斯坦的讲座。

现在，它是艺术空间。哥特式拱廊上方写着萨尔瓦多·达利和阿尔丰斯·穆夏的名字。穿行。属于达利的，画、陶艺、雕塑。属于穆夏的，鲜花、美人、绕指柔。都是匆忙的。

17号，"麒麟屋"，曾是贝尔塔·冯托娃夫人的文艺沙龙。一众知识分子经常在她家里聚集，他们读黑格尔、费希特、康德的作品，也举办讲座，关于精神分析、超限数、相对论。客人中有爱因斯坦，也有卡夫卡。

20号，"金独角兽屋"，诗人卡雷尔·波罗弗斯基1838年到1839年住在这儿，斯美塔那在这里办过音乐学校。

24号，"蓝鹅屋"是酒吧"班德"（Binder），德国画家卡尔·施皮茨韦格曾在此纵酒。

29号，"金天使屋"是著名的王子酒店所在地。这是德国诗人李利恩克龙每次到布拉格都要来的地方。

这个黑衣侍者有着和莫扎特咖啡馆一样的做派，带着一种"旧世界"的神色。所以，去喝一杯。

咖啡馆在22号，奢华的布拉格大饭店底楼。深色木桌、绛色帘帷、椅背、白桌布、银餐具、水晶杯。

在对的时间，可以听现场音乐，有时乐手穿旧时衣裳演奏莫扎特，有时是爵士乐。现在只有安静。

桌边的窗子很大，直对广场，直对老市政厅。

老市政厅始于1338年，是波希米亚的第一个市政厅，管理老城。1945年，被德军的炮火毁坏，塔楼保留了下来。

昆德拉在《生命中不能承受之轻》中这样表达："古城的市政厅建于14世纪，曾一度占据了整个广场的一侧，现在却一片废墟已有27年。华

沙、德累斯顿、柏林、科隆以及布达佩斯,在第二次世界大战中都留下了可怕的伤痕。但这些地方的市民们都重建了家园,辛勤地恢复了古老历史的遗存。布拉格的人民对那些城市的人民怀着一种既尊敬又自卑的复杂心理。古城市政厅旧址只是战争毁灭的唯一标志了。他们决定保留这片废墟,是为了使波兰人或德国人无法指责他们比其他民族受的苦难少些。"

"诗人,远离家园,/内心被渴望穿透,/独自站着,/在旧城区的广场。/在那哥特式的墙上,/哈努什大师的钟/敲响了正午。"这是希克梅特的诗。

框在窗子里的还有天文钟,附着在老市政厅墙上。

1410年,钟表师傅卡丹的米库拉斯和查理大学的天文学教授扬·辛德一起制造了天文钟的机械部分和表盘。日晷表盘和哥特式雕塑是在1490年加上的。

有一则流言说,钟的制造者是工匠大师哈奴什。当时的掌权者对大钟非常满意,害怕哈奴什会在欧洲其他地方再造一座相同的天文钟,于是派人在一个漆黑的夜晚刺瞎了他的双眼。这并不是事实。

历经几个世纪,大钟停停走走,多次整修,加上了木雕像、使徒像,1865年大修时安装了金制报晓公鸡。1945年5月,德军的炮击严重毁坏了天文钟,直到1948年再次运转。

钟盘两侧有四个由齿轮驱动的塑像:一个照镜子的人,一个手握钱袋的人,一个骷髅一手旋转沙漏一手扯着铃绳,一个土耳其人。通常的解读,他们分别代表着虚荣、贪婪、死亡和欲望。整点将近时,骷髅将摇铃,大钟上方会有窗口打开,耶稣的十二个门徒将一一走过,面朝窗外,之后,会有金鸡报晓声,窗子关闭,骷髅左手的沙漏低垂,报时的

老城
广 场
Staré Město/Old Town

钟声就响起了。

诗人塞弗尔特说起过童年的一次幻灭。有一天，他进入大钟的内部，悲哀地发现那些"平时我站在钟楼下面的人行道上怀着无比虔诚的心情仰望、在我心目中已是半有灵性的圣徒，只是固定在木轮子上的半截儿身躯，是没有腿的！幻想破灭了，从此我再也不可能那般入迷地仰望大钟窗户里依次出现的行列"。

咖啡冷了，钟声未响。

而多年前，咖啡馆的名字并非"莫扎特"，而是"米莱娜"（café

广场边的卖艺者

Milena）。米莱娜是卡夫卡的捷克语翻译和情人。

这是老城广场。这是米兰·昆德拉为电影写的诗。托马斯读给特丽莎的诗。

"你可以睡了 / 睡在我的怀里 / 就像一只小鸟 / 就像一间杂物室中 / 许多扫帚之中的一把…… / 就像一只小鹦鹉 / 就像一个哨子 / 就像一个小曲儿 / 由树林唱着…… / 在树林之中 / 在一千年前"

沉入人群。

"他孤立在过去的一旁，他孤立在未来的一旁。"昆德拉说。

这是连续的第九个阴天。

老城广场（Staroměstské náměstí / Old Town Square）
地铁 A 线 Staromestska 站，B 线 Namesti Republiky 站

卡夫卡出生地（Expozice Franze Kafky/ Franz Kafka's Birthplace）
Namesti Franze Kafky 3

金斯基宫（Palác Kinských / Kinský Palace）

卡夫卡书店（společnost Franze Kafky /Franz Kafka Bookstore）
Staroměstské náměstí 12

泰恩教堂（Kostel Panny Marie Před Týnem/ Church of Mother of God before Týn）
Staroměstské náměstí

圣尼古拉斯教堂（Kostel sv. Mikuláše/ St. Nicholas Church）
Staroměstské náměstí

广 场

老城
Staré Město/Old Town

☞ **老市政厅**（Staroměstská radnice /old Town Hall）

☞ **天文钟**（Staroměstský orloj/ Prague astronomical clock）
Staroměstské náměstí 1

☞ **一分钟屋**（Dům U Minuty /The House at the Minute）
Staroměstské náměstí 2

☞ **奥佩尔特屋**（Oppelthaus/Oppelt House）
Staroměstské náměstí 5

☞ **莫扎特咖啡馆**（Café Mozart）
Staroměstské náměstí 22

临街的窗

雨只下在采莱特纳街（Celetná）。下在那些过分庞大的门口、空无一人的窗、路面成群的砾石、它的狭窄和柱式雕刻的寂寞。采莱特纳街像一件旧衬衣，慢慢潮湿。

这条街连接着老城广场和火药塔，是老波希米亚的商道。中世纪时，因这一带烘焙的面包而得街名。14世纪起就属于国王路的一段，是加冕游行的必经之路，作为布拉格最古的街巷之一，铺陈着罗马、哥特、巴洛克建筑。

街是和故事一起开始的。

街上有卡夫卡的两个家。

在圣尼古拉斯教堂边的公寓住了两年，从1885到1888年，卡夫卡一家先后搬过三次，那些房子都不复存在了。

1888年8月，5岁的卡夫卡搬入了童年第五个家：采莱特纳街2号。一幢18世纪建筑。石拱门，雕花，黑铁路灯，下着雨。

1889年9月，他们再次搬家，住进老城广场的"分钟屋"。1892年，卡夫卡家回到采莱特纳街，搬进3号的哥特式老房子"三国王屋"。底层就是卡夫卡父亲的杂货店和仓库。

老城
Staré Město/Old Town

临街的窗

公寓在二楼。卡夫卡第一次有了自己的房间，从窗子可以看到街景。房间陈设简单，门边是书桌，上面放着两卷本《罗马法》。窗对面是衣橱，衣橱前有一辆自行车。一张床，床边有小桌。靠门还有一个书架，一个洗手盆。

在这个房间，卡夫卡从中学起开始写作。后来，这些作品几乎全部被他毁掉了。除了少数几篇收入了他的第一本书，包括这篇很短的《临街的窗》："有的人生活寂寞，到处找闲人聊天。他们留心白天的长短，气候的变化，关注职业或者诸如此类的发展，他们见到随便什么人，都毫不犹豫地拉着他们的胳膊聊起来。他们多半在临街的窗前进行这些活动，没有临街的窗他们待不了多久，他们似乎一无所求，只是疲倦地将眼睛在天上人间上下转悠，朝他们的窗边走去。他们不愿意，而且事实上也很少往后看，下面的马车和马车的喧闹来了，才终于将他们拉入人类的和谐中。"

在这个房间，卡夫卡住到1907年6月。搬来时他刚上小学四年级，搬出时他已从查理大学毕业。从少年到青春，他热爱他的临街的窗。

卡夫卡曾在写给一个女友的信中谈及自己的"初夜"："那时，我们住在采莱特纳街，对面有一个服装店，有一个卖衣服的女孩常常站在那儿，在门口，在楼梯上。……那天非常热，非常热，几乎无法忍受。我不停地站在窗边……终于，我们用手势定了约。晚上8点，我去找她。可是，下楼的时候，已经有别人在那儿了。不过，这也没什么不同。我惧怕整个世界，因此也会惧怕这个人。即使他并不在那儿，我依然会惧怕他。虽然女孩儿挽着他的胳膊，却依然向走在后边的我打着手势。他们走进了'保护岛'酒吧，在那儿喝了点儿啤酒，我就坐在他们的临桌。之后，他们散步，我走在后边，慢慢走到姑娘的公寓，就在离肉市不远

的一个地方。之后,那个男人说了再见,姑娘跑进了公寓楼。我等了一会儿,直到她再出来找我,之后,我们去了小城的一家旅馆。"

这是无疾而终的感情。原因,卡夫卡说姑娘在旅馆"做了有点儿肮脏的事","说了有点儿污秽的话",这些是他"不愿提及的"。那是1903年。

这所公寓在此后的几十年间曾是一个素食饭馆。30岁之后,卡夫卡成为素食主义者,他也会来这里吃饭。

二楼,临街的窗,除了雨水,什么也没有。

采莱特纳街是布拉格的遗产、纪念物,也得取悦游客。所以,雨也打着这些店铺,卖波希米亚水晶、木偶、衣服、巧克力。打着这块写着"时尚教堂"的招牌,打着这间兑换钱币的小铺,这间展示酷刑的博物馆,这家饭馆钉在门边的菜单,这座蜡像馆的橱窗,来自另一侧长久的注视。

9号,"扬·索德克艺廊"有很小的门。

墙、浓妆、充满皱褶的布、长袜、椅子、假花、人偶、鞭打、丰盛的肉体、情欲、交媾、自渎、幻觉、不道德的场面、无耻的表情、光来自地狱也来自天堂,不存在的颜色和忧伤。

描述照片像描述灵魂一样困难。

扬·索德克,1935年5月13日出生在布拉格,犹太人。二战期间,他的许多家人死于特雷津集中营。他和孪生兄弟卡佳被关在波兰、捷克边境的儿童集中营。幸运的是,兄弟俩和父亲古斯塔夫都活过来了。1950年,15岁,索德克得到人生中第一台相机——柯达"小布朗尼"。

临街的窗

老城
Staré Město/Old Town

手工木偶

他进入布拉格工业学院学习摄影，1952 年开始在一家印刷所当工人，在那儿一直工作到 1983 年。

1959 年，他开始使用一台捷克产的 Flexaret 双反相机。一次偶然的机会，索德克得到一本展览图录，关于 1955 年在纽约举办的著名影展"人类大家庭"，发起者是现代艺术博物馆（MOMA）摄影部主任爱德华·斯坦陈。美国诗人卡尔·桑德伯格为展览写的解说词有这样的句子："世上只有一个男人，他的名字是所有男人／世上只有一个女人，她的名字是所有女人／世上只有一个孩子，孩子的名字是所有孩子。"索德克感到一种深刻的打动："把我看哭了，对我冲击太大了，我对自己说，我也要做这样的书。"

他拍人，男人、女人、孩子，拍肉体、情欲、梦幻。最纯真的，最黑暗的。

021

1963年，索德克在"栏杆剧院"前厅举办了第一次摄影展，秘密警察很快搜查了他的公寓，没收了他的底片，并指控他散播色情照片。

1969年，索德克去美国旅行，他的作品得到著名摄影界前辈休·爱德华兹的认可。

20世纪70年代，他离了婚，租了一间阴暗的地下室，在那里，有发霉的地板和不停剥落的墙。几件破家具。他架起相机点亮灯，开始了他单枪匹马的狂欢。没有年份，没有时代，没有季节，没有白天黑夜，没有现实生活。他把所有遇到的人都请来做模特，他把他们请进梦中、戏里，请进欲望、肉体、悲欢、狂妄、放纵、禁忌，请进人间可能的一切情感。这些照片是索德克的标记。一个导演，一个君王。"墙还在那个地下室里，只要它在那儿，我就要痴痴地试着捕捉时间的流逝，我发誓。"

索德克并不关心政治，包括1968年的布拉格之春。他说："只是一个统治者换成另一个，斯大林死了，又来了另一个人，那只是体制内部的变化，不是人民的变化。50个人死了，但这个人数和大型战争无法相比。对我来说没有发生很大的事情。"

索德克热爱女人，所谓浪子。"人们问我：你这辈子有多少个女人？我说，一个也没有。你不能拥有女人，就像不能拥有海洋和云彩，你无法成为女人的主人，女人不是那样的，所以我谁也没有，我一无所有。但是当我看到那甜蜜的面孔，总是被深深感动，我会倾慕她至死。"

许多年，他持续着这种一个人的狂欢。不被主流接受，他的作品被认为是低俗和色情。

20世纪70年代末期，索德克开始被西方认可并尊重，成为捷克摄影界的一面旗帜。

1991 年，索德克在祖国捷克出版了他的第一本个人摄影集《生命剧院》，此书一出版即销售一空。

"照片是一种神秘的爆发，可以让时间停止。在我拍的母亲和女儿的照片中，看不出是拍摄于 50 年前还是现在。这也许就是我对世界摄影的贡献。让时间停留在某个瞬间固然很重要，但是归根结底它们总是一样的。我就是要展现这种'同一'，境遇是一样的，爱是一样的，痛也是一样的。没有谁可以被称为史上最伟大的摄影师。我所做的无非是记录我一生所遇到的人。"

艺廊走到底，150 张照片，跨度 59 年。

他说："拥有一家画廊并且依然活着，这是非比寻常的事。我相信我依然活着。"

说来，索德克还与卡夫卡有点儿瓜葛。卡夫卡的妹妹嫁给了扬·索德克的叔叔。

街对面，12 号，哈里赞宫，是 18 世纪初的伯爵宅邸，采莱特纳最美的巴洛克房子。

卡夫卡的父亲曾把这里作为临时的店铺。

走过，精巧的阳台、赤裸的塑像。

穿行，一连串对峙的房子，披着雨水和来自过去的光亮。

17 号，原是学校，现在是采莱特纳剧院，也是一间饭馆，名叫"蜘蛛"。

21 号"红鹰屋"，19 世纪时，这里是诗人卡雷尔·马哈常来的咖啡馆。

22 号，曾是《布拉格日报》的所在地，它一度是最有影响力的德语报纸。布洛德、埃贡·基希、约翰内斯·乌兹迪尔都曾在此工作。卡夫

卡也曾为该报写作。

25号,哲学科学家伯纳德·布尔查诺住在这里,并在这里去世。

27号,13世纪是圣殿骑士团的教堂。1784年之后成为民居。

29号,"金天使屋"原是客栈,莫扎特曾住在这儿。1848年的客人中有俄国思想家,"无政府主义教父"巴枯宁。德国作家台奥多尔·冯塔纳也曾作为战地记者栖身于此。

"谁听见雨落下,谁就回想起 / 那个时候,幸福的命运向他呈现了 / 一朵叫玫瑰的花 / 和它奇妙的鲜红的色彩。"博尔赫斯喜欢雨,也喜欢这条街,在小说《秘密的奇迹》中,他让主角亚罗米尔·赫拉迪克,在1939年3月住在了这条街上。

穿过这条街,慢慢地。

34号,"黑圣母楼"像一个突然的结局,庄严而坚硬。1911年,捷克立体派建筑师约瑟夫·戈恰尔31岁的时候设计了这座褐色建筑,1912年建成。那时,它是百货公司,一楼与三楼卖东西,二楼是"东方咖啡馆"——世界上独一无二的立体主义咖啡馆。1920年代中期,咖啡馆改成银行的办公室。此后,随着时局与岁月,黑圣母楼一再拆解更动。2002年,经历了一次重要整修后,成为捷克立体主义博物馆(Museum of Czech Cubism),展品年代集中在1911到1919年,那是立体主义最风光的时候。2005年3月,东方咖啡馆在80年后重新开张。由于原始图纸只有少数保留下来,复原工作依据当时的照片进行。

黑、白、漫长冷静的线、三角、圆、明确的几何切分、黄铜灯、丝绸灯罩、遍布镜子。

一杯摩卡,等雨停。

临街的窗　　　　　　　　　　　　老城
　　　　　　　　　　　　　　　Staré Město/Old Town

东方咖啡馆的衣帽架

　　窗外，对街的 36 号"帕赫塔宫"中世纪时是造币厂，之后曾是军事机构。从 1849 年起成为法庭，青年卡夫卡曾在那里做过律师。

　　咖啡馆没有戏剧性场面。不过是有人来了，有人走了，只有一把伞忘了。

　　雨停在街尽头，停在火药塔前。

　　塔修建于 1475 年，是布拉格 13 座城门之一。到了 17 世纪，它被用作火药储存设施。直到 1836 年，国王都要通过此门前往河对岸的城堡，前往圣维特教堂加冕。

　　穿过塔下的门，穿过一道哥特式忧伤。

　　徒然开阔就是共和国广场。散落着购物中心、剧院和人群。

　　火药塔旁边一幢新艺术风格建筑，甜美明媚。1383 到 1485 年，这是波希米亚国王的宫殿。之后被遗弃，20 世纪初被拆毁。1905 年，在宫殿

共和国广场的小吃摊

旧地重建,定名"市民会馆"。装饰全部由捷克顶级艺术家完成。大门上方是大型陶瓷马赛克"向布拉格致意"。

走入,看见穆夏、马克斯·什瓦宾斯基、阿列什的作品。面前的斯美塔那音乐厅是市民会馆内的主要空间。1918年10月28日,捷克斯洛伐克在这里宣布独立。

1912年11月22日,市民会馆咖啡馆开门,带着只属于美好时代的恢宏和光华。

临街的窗

也是 1912 年，在咖啡馆另一边，开了另一间大馆子——新艺术法式餐厅。一直是布拉格地标级高级餐馆。

高天花板，雕饰是弗朗齐歇克·考曼的，画是穆夏的，临街一长列巨大的窗，家具都是原版的，一百年。大量金色吊灯、金色细节，钟表、沉着的紫色，桌子上餐巾的折皱带着一样的淡蓝色秩序，银刀叉的反光，从所有水晶杯子突然明亮的光就知道，已雨过天晴。

软垫座椅，临窗，陌生的太阳照着往日。

"我的幸福往往来自于，我所遭遇的不幸。"这是皮雅芙说的，是电影《玫瑰人生》片头的独白。这间餐厅就是电影的一个场景，故事中它是纽约的一家餐馆。

这里拍过不少电影。

2006 年伊利·曼佐也在此拍摄了《我曾伺候过英国国王》。片中这是布拉格最奢华的"巴黎酒店"，男主角扬·迪特就是在这儿做侍者。在这儿，他从领班斯希凡克身上学到了很多，为什么他那么精通待客之道，因为他曾伺候过英国国王。

伊利·曼佐从一开始就热爱赫拉巴尔的故事。从 1960 到 1965 年，曼佐拍了几部短片。那时，一众新浪潮导演将《底层的珍珠》中的故事分别拍成系列短片，曼佐拍的一段是《巴尔达萨先生之死》。最初，巴兰多夫电影制片厂希望《严密监视的列车》由有经验的薇拉·希蒂洛娃或埃德尔瓦·索尔姆执导，但两人都认为小说无法改编成电影，于是曼佐有了机会执导自己第一部真正意义的故事片。曼佐与赫拉巴尔密切合作创作剧本，对原小说进行修改以实现小说的视觉化。曼佐还曾想过自己出演男主角，不过对于角色来说他太老了。也有一些非职业演员前来试镜。最后流行歌手瓦茨拉夫·内斯卡什得到了米洛这个角色。不过，一

个扮演医生的演员在最后一刻没有来,曼佐就客串了一下。

1966年2月底到4月底,电影在布拉格西南25公里的洛杰尼采村火车站拍摄。影片开始四分钟,主角米洛第一天来到车站。他先是问候了正在喂鸽子的站长马克斯,之后见到风流成性的胡比克。而电影中最经典的场景是:当米洛闭着眼睛站在月台上等待女列车员玛莎亲吻时,列车却开动了,师傅胡比克将哨子塞进他的嘴里时,米洛似乎才如梦初醒。

1968年《严密监视的列车》,获奥斯卡最佳外语片奖时,曼佐28岁。

"在拍摄期间,我和赫拉巴尔就成了很好的朋友,聊得很好,成了朋友就一直合作下去。"

紧接着,曼佐与赫拉巴尔再次合作了《失翼灵雀》,这部讲述劳改营的影片拍摄于1969年,立即成为禁片。

"布拉格之春"后,电影与文学一样陷入了严格的审查制度。有的人离开了,昆德拉去了法国,米洛什·福曼去了好莱坞。而赫拉巴尔和曼佐哪儿也没去,开始寻找各自的方式和体制周旋。曼佐说过一个细节:"赫拉巴尔、昆德拉、史克沃莱茨基的书从图书馆和印刷机上取出,等着被打成纸浆。而赫拉巴尔的老婆就在回收厂工作,她保存了那些书并偷偷地分发给朋友们,我在家里有很多。"

10年后,他们再度合作,1980年以《一缕秀发》为基础,拍摄了《金黄色的回忆》,进入1981年威尼斯影展主竞赛单元,被评价为"一部充满诗意、想象、幽默与捷克啤酒金黄魅力的杰出喜剧"。1983年,他们又合作了《雪花时节》,赫拉巴尔也在片中出演了角色。曼佐和捷克电影重新进入国际影坛。

1990年,《失翼灵雀》在21年后获得柏林金熊奖。

曼佐说:"我想我非常幸运,从一开始就能与我热爱和尊敬的作家合作。我们的密切关系和相互信赖对合作很有帮助。说实话,他作品里的内容比我的电影能表现的要多。然而,那些不读书的人通过我了解了他。"

对于20年创作的局限,曼佐有独特的看法。"审查制度不是电影人最糟糕吓人的事儿。即使在审查最严格的时候,好电影也会出现。相反,绝对的自由却会把难以置信的愚蠢和丑陋带到这个世界。任何限制我们的东西也都刺激着我们,从这一点看,审查制度也可以是鼓舞人心的。从某种意义上说,我怀念审查制度。流向大海的河流失去岸的同时也失去了涌动的力量。"

1997年2月,赫拉巴尔离世。在行业内一场关于《我曾伺候过英国国王》拍摄版权的争夺开始了。1998年,当曼佐得知他的制片人已将版权出售后,怒不可遏,在卡罗维发利国际电影节上手持大木棍追打这位制片人。这根木棍后来还被拍卖。此后,版权也多次易手。

10年后,2006年,曼佐终于执导了第六部"赫拉巴尔电影":《我曾伺候过英国国王》,也是最后一部。

在餐厅拍摄的情节是这样的:精明狡猾的迪特陷害了前台侍者,导致了一连串的灾难,盘子落地,桌子打翻,打破了餐馆高雅的氛围。唯一幸免的是一只插着小雏菊的花瓶。这是不可原谅的,侍者被开,迪特被提升为前台侍者。

"我一直欣赏赫拉巴尔看人的能力,看到他们最真实的样子。以一种真正不妥协的视点,但又依然热爱他们。他毕竟不是一个厌世者。我愿意将这种视角与新的捷克作家进行对比,与世界文学的常态进行对比,他们那种强烈的愤世嫉俗的倾向在赫拉巴尔的作品中是不存在的,

存在的是对人的爱。"

侍者来了,端着美酒鱼肉。面包和夕阳。

▷ 采莱特纳街（Celetná ulice/ Celetna Street）
地铁 B 线 Náměstí Republiky 站

▷ 黑圣母楼（Dům U Černé Matky Boží /The House of Black Modonna）

▷ 东方咖啡馆（Grand Café Orient）
Ovocný trh 19
地铁 B 线 Náměstí Republiky 站

▷ 市民会馆咖啡馆（Kavárna Obecní dům / The Municipal House café）
Náměstí Republiky 5
地铁 B 线 Náměstí Republiky 站

▷ 新艺术法式餐厅（Francouzská Restaurace Art Nouveau/ Art Nouveau Francouzska restaurant）
Náměstí Republiky 5
地铁 B 线 Náměstí Republiky 站

金子与灰尘

"所以,不要灰心。在面前放一张纸,拿一支笔,蘸着你的思想,快速地写。写任何你喜欢的事物:干梅子、天气、钟表的指针、去年的雪……"

打开的书叫《在波希米亚养育少女》,随便的一句,随便的一页,落着太阳和风。是的,太阳。书打开在小广场,老城广场西边一点儿,三角形空地,老石头路面。中心立着1560年的喷泉,没有水,围着文艺复兴式铸铁栅栏,顶端装饰着金色的天使和狮子,尊贵和禁锢。西侧142号是一间老五金店,东侧一列带着拱廊的店铺。房子起着好听的名字:白狮、黑马。

合起书,走进一幢狭长的建筑嵌着"金百合",门牌12,一间画廊,名为"初次"。白色空间,摆着寡淡的首饰、衣裳、包。从前,这里有一间小书店,是卡夫卡常来的地方。

之后,就充满了岔路。被一些细节牵引着,乱走,一条一条,最后,又都会再相遇。

地上陡然一个庞大的人形影子,来自小街上空的雕像——"吊着

布拉格时间
TIME IN PRAGUE

的人"。这个人是精神分析者弗洛伊德。1856年5月6日,西格蒙德·弗洛伊德出生于奥地利的弗莱堡,今属捷克。即使在他一生中最风光的日子,弗洛伊德也被恐惧所困扰,来自死亡或其他。他每天抽一盒雪茄,83岁时,患上口腔癌,在好友和医生的帮助下,服用吗啡自杀。布拉格出生的雕塑家大卫·切尔尼以这样的方式,表现弗洛伊德与恐惧的缠斗。这一雕像不仅在布拉格,在伦敦、柏林、鹿特丹、芝加哥的街头都有。经常被误认为有人自杀,招来警察和消防员。

吊着的人

老城 Staré Mesto/Old Town

走进里特佐瓦街(Řetězová)的安静,狭窄短暂,看得见尽头的树。有一间淡粉色门面的小咖啡馆儿,一行法文写着"蒙马特"。

进门就是往昔,旧的照片、桌椅、铜扶手、衣帽架、灯、窗台、花束、帷帐、报纸、托盘里的灰尘、气味、镜子里的表和表上的时间。食物也像旧的,羊角面包、酒。就连这缕烟草的气味也是旧的,在墙角灯下,一个小巧的女人,手指精致地夹着一段灰烬。

喝一杯可有可无的咖啡。

整幢建筑叫"三野人屋",咖啡馆在底层,1911年开张,主人喜欢巴黎,所以起名"蒙马特"。这里有许多歌舞演出,被称为"蒙马特卡巴莱"。小馆儿充满波希米亚气氛,是"布拉格圈"的德语作家据点。

恰佩克、弗朗齐歇克·朗格尔、爱德华·巴斯、卡夫卡、弗朗茨·韦尔弗、马克斯·布洛德、约翰内斯·乌兹迪尔、古斯塔夫·梅克林都是客人。卡巴莱的演出以德语、捷克语、意第绪语轮流进行。记者埃贡·艾尔温·基希是咖啡馆的中心人物,人们喜欢听他的故事和逸闻,也是他把探戈引入了布拉格。咖啡馆的装饰由画家V. H. 布伦纳、弗朗齐歇克·其塞拉、伊日·克罗哈完成。他们还为咖啡馆设计了一系列的海报和各种各样的图片。布伦纳为舞厅创作的湿壁画,绰号"地狱",以七宗罪作为主题,每个分割的空间都起着诗意的名字:痛苦、模仿、伊甸园等。立体派的画作挂在墙上,整个房间由伊日·克罗哈布置成立体—表现主义风格。一战后,咖啡馆有了第一共和国的民族色彩,客人从波希米亚人变成大学教授,立体主义转换成准民族主义运动。"蒙马特"在二战中关门,后来成了一个纸品仓库。半个世纪后,2000年,经过重修后开放。陈设中没有原物了,但所有东西都来自那个时代。

蒙马特咖啡馆布告栏

抽烟的女人

咖啡味道朴素,就像这间小馆,看不见金银,不过是零零碎碎的过去,从镜子深处捡拾的1911年的蒙马特。而过去是安全的。

游荡,几条街过去了,外衣上是越来越浓的秋天和越来越淡的烟草。

之后,听见哈维尔集市的人声。连绵的花香、八音盒的甜蜜的声音、面包、瓷器、皮革、干净番茄、土豆、南瓜、葡萄、黑莓、覆盆子拼凑在小筐里,像摆着一份一份的心情。捷克传统小吃trdelnik正在旋转,慢慢金黄,火焰、糖霜、肉桂的热气。成群的布拉格的纪念物、杯子、玩具,画中的街与桥都空寂无人。的确是布拉格,的确没有人见到过。特别的是,那些提线木偶,带着夸张的颜色和无辜的眼睛,在风中一边摇荡一边注视你。

向北,沿哈维尔斯卡街(Havelská)向北,就会走过查理大学过于简单的门口。

1348年,查理四世创办了查理大学,是捷克和中欧最古老的大学。许多辉煌的名字都与这所大学相关。科学家有第谷·布拉赫、约翰内斯·开普勒、伯纳德·博尔扎诺、恩斯特·马赫和阿尔伯特·爱因斯坦。宗教思想家胡斯,哲学家雅恩·帕托什卡,诗人里尔克,作家恰佩克、米兰·昆德拉、赫拉巴尔。1906年6月16日,23岁的卡夫卡在这儿获得法律博士学位。

1965年,艾伦·金斯堡作为美国反文化的旗手,受邀来查理大学诵读他的诗。

就在查理大学边上。

一座塑像,只是一件青铜的长袍服,没有人,有人的形状,有人的痛苦和静默。没有人,人不在场,他的衣褶充满了光,他的面孔是一团

空空荡荡的黑暗。

塑像背后，是一幢孤立完美的新古典主义建筑，布拉格最古老的剧院。与周围的房子不相连，柱式、屋檐、墙与窗，金色绿色，自尊安静。

庄园剧院，1783 年开张，观众多是上层社会的德国人。二战之后，剧院改名为提尔剧院，以纪念捷克国歌《何处是我家》的词作者，剧作家约瑟夫·卡杰谭·提尔。20 世纪 90 年代，剧院恢复了老名字。

卡夫卡经常去庄园剧院，在写《变形记》两个月前，卡夫卡在这里看了几部关于奇怪昆虫的电影。

这个空间充满了金子和灰尘。每一寸屋顶与墙壁、层层叠叠的包厢、帐幕、灯、装饰画的笔触、气息，混着金子和灰尘。此时，大幕拉着，像一块巨大的陈年紫水晶。此时，有两种期待，来自舞台的寂静和它对面缺席的目光。所以，必须有什么非凡的东西，发生过或是将要发生。

在欧洲，长久以来，布拉格是维也纳之外的另一个音乐中心。德沃夏克、斯美塔那、约瑟夫·米斯利维切克、莱奥什·雅那切克、博胡米尔·马尔蒂努，捷克音乐家从这里走向世界。外国音乐家也来到这里：维瓦尔第、莫扎特、贝多芬、卡尔·马利亚·冯·韦伯、帕格尼尼、李斯特、肖邦、柴可夫斯基。

知音在此。

莫扎特说："我的布拉格人最懂我。"这句话被美国的音乐学家丹尼尔·弗里曼质疑并非事实，而是布拉格人的流言。而流言自有其道理。

无论如何，18 世纪末的布拉格人给了莫扎特极度的光荣。他们热爱天才。

"以上帝的荣耀和帮助下，我希望有一天在技术上成为李斯特，在作曲上成为莫扎特。"斯美塔那在 1845 年的日记中写。

德沃夏克说："莫扎特是甜蜜的阳光。"

莫扎特必定与布拉格相遇。1780 年代的布拉格有约翰·史卓巴哈打造的当时中欧最好的乐团，有大量高水准的听众。还有，1783 年刚建成的辉煌的庄园剧院。作为剧院最早期的上演剧目，莫扎特的《后宫诱逃》取得了极大的成功。基于此，1786 年，庄园剧院决定将《费加罗的婚礼》搬上布拉格的舞台。虽然，那年 5 月该剧在维也纳的首演毁誉参半（只演了 9 场，演出 20 场才算上成功）。

12 月，《费加罗的婚礼》在庄园上演。"在这儿，人们只谈论费加罗，"莫扎特在自己的日记中写，"演奏的、歌唱的、吹的口哨都是费加罗……对我来说，这是极大的荣誉。"布拉格的报纸评论："没有一部作品（在这里为大家断言）曾经引起如此轰动。"于是，由音乐爱好者出资，请莫扎特来布拉格。

1787 年 1 月 11 日，莫扎特第一次来到布拉格。所到之处，都是礼遇。19 日，在一场音乐会上，首演了莫扎特于 1786 年 12 月 6 日创作完成的《D 大调第三十八号交响曲 K 504》，就是《布拉格》交响曲。莫扎特还表演了钢琴独奏，包括《费加罗的婚礼》片断。他说，那是他"一生中最快乐的日子之一"。

布拉格是美好的。之后，莫扎特得到了来自剧院的另一份邀约，请他为下一季再写一部歌剧，这就是《唐璜》。

1787 年 10 月 4 日，莫扎特第二次来布拉格，监督《唐璜》首演。首

演日期从15日推迟到29日，在庄园剧院，另一个莫扎特之夜。报上说"歌剧的演出极具难度"，"这是布拉格从未听过的"。

洛伦佐·达·彭特是意大利著名歌剧填词人，也是《费加罗的婚礼》和《唐璜》的词作者。他说："想传达波希米亚人对于莫扎特音乐的狂热，对于这种狂热的充分认识，并非易事。不仅是那些在其他国家被称颂，被人们认为杰出的作品，更神奇的是，那些在其他国家要反复演出多次，人们才能体会到的天才音乐中最灿烂的部分，捷克人在第一个晚上就完全领悟到了。"

1789年4月和5月，莫扎特还曾两次途经布拉格，短暂停留。

1791年，为庆祝利奥波德二世加冕，莫扎特创作了另一部作品《狄托王的仁慈》。他在那年8月28日第五次来到布拉格。9月6日，此剧在庄园剧院上演。这一次，莫扎特处于加冕盛典的暗影之中，并不是人们目光的中心。他9月中旬离开，再也没有回来。

那年，12月5日，莫扎特死于维也纳。布拉格的悲痛超过了其他任何欧洲城市。即便在维也纳，也没有特别的悲伤和仪式，参加葬礼的人屈指可数。第一个追思仪式是在12月14日的布拉格。三千人涌入了小城的圣尼古拉斯教堂，莫扎特曾在那儿弹奏管风琴。上百名音乐家演奏了豪华的安魂弥撒，没有报酬。教堂外也有几千人向莫扎特致敬。《布拉格新报》撰文说"莫扎特的音乐是为波希米亚人民而作，没有任何一个地方比布拉格更了解他的音乐"。更多的纪念活动绵延在随后的几年里。

布拉格的市民给莫扎特的遗孀和孩子许多生活上的帮助。他第一本传记的作者是他的捷克朋友、音乐评论家尼姆切克。他照顾了莫扎特的两个儿子，其中卡尔·托马斯·莫扎特是莫扎特的长子，在布拉格小城上学,生活了15年。1805年,他去米兰学习钢琴,1810年放弃了,后来成了奥地利政府部门驻米兰的公务员。他从未公开演出,也没写过一个音符。另一位是弗朗兹·泽维尔·沃尔夫冈·莫扎特,父亲死时他才5个月大。他也是一位音乐神童,虽然很早就开始从事演出和教学,但一直生活在父亲的阴影下,并未取得太大的成功。他一生没有结婚生子,他的哥哥也没有后代,因此莫扎特已经绝后。他死后葬在了捷克西部的温泉小城卡罗维发利。墓志铭:"弗朗兹·泽维尔·沃尔夫冈·莫扎特,音乐家、作曲家,1791年7月26日出生,1844年7月29日去世。伟大的莫扎特的儿子。他长得像父亲,有着和父亲一样高贵的灵魂。让他父亲的名字成为他的墓志铭,因为对父亲的仰慕是他人生的精髓。"

据说,1787年10月,莫扎特第二次来布拉格时,曾住在朋友的贝特拉姆卡别墅(Bertramka),男主人弗朗蒂舍克·克萨韦尔·杜舍克是著名的钢琴家,女主人约瑟斐娜·杜思科瓦是女高音歌唱家,莫扎特在1787年曾为她写过一首歌《我热情的姑娘》。虽然没有充分、明确的史料作为佐证,不过,现在,贝特拉姆卡别墅已经是莫扎特博物馆,他用过的乐器、作品手稿和生活用品都在其中。别墅庭院还经常举办莫扎特作品音乐会。

克尔凯郭尔在《非此即彼》中引用法国作曲家夏尔·古诺的话,指出《唐璜》是一套"没有瑕疵,毫无间断的完美作品"。

《唐璜》是庄园剧院最大的荣耀。

1984年,米洛斯·福曼拍摄了电影《莫扎特传》。故事在维也纳,拍摄在布拉格。

福曼说:"这部电影只可能在三个城市拍摄:维也纳、布达佩斯或布

拉格,因为只有这三个城市拥有18世纪的建筑。"福曼先试过维也纳,"但城市已被现代化稀释了,街上都是精品店、沥青、钢、玻璃、塑料。此外,维也纳也贵得出奇。""而布拉格是理想的,布拉格是绝对理想的,由于共产主义的低效率,18世纪并没有被触碰。在所有广场和街道你可以360度转动摄影机而什么都不必更动。"

在大主教宫、华伦斯坦宫,在圣吉尔斯教堂拍的是莫扎特的婚礼和葬礼。而最重要的一幕就是在庄园剧院重现《唐璜》。片中充满忌妒的萨列里就在台下偷偷观看演出。为了不破坏剧院的完整,福曼在屋顶搭设了钢架,用来悬挂11盏巨大的吊灯,拍摄时点燃了6000多支蜡烛。

福曼在回忆录中说,在电影拍摄过程中一直受到秘密警察的监视,他也怀疑与其合作的捷克演员和工作人员是政府的线人。作为在捷克拍摄的规模最大的一部西方电影,媒体上只字未提。

《莫扎特传》获当年奥斯卡8项大奖。

这个剧院也是世上唯一还在的莫扎特演出过的地方。

曾在此演出的著名音乐家还有卡尔·马利亚·冯·韦伯、安东·鲁宾斯坦、古斯塔夫·马勒、尼可罗·帕格尼尼。

门外的青铜雕塑,是捷克艺术家安娜·克劳米的作品,叫"司令官",这个《唐璜》中的角色在歌剧开始不久死于唐璜的剑下,在剧终时也是他的灵魂将唐璜拖入地狱。这件作品还有一个名字叫"良心的斗篷",在萨尔斯堡、雅典也都可以见到。

《莫扎特传》结尾,萨列里说:"我代表全世间所有的庸才,我是他们的英雄,我是他们的圣人。""庸人无处不在……我宽恕你……我宽恕

良心的斗篷

你……我宽恕你……我宽恕你……我宽恕你的一切。"

此时,没有演出,只有金子与灰尘。

🕮 **蒙马特咖啡馆(Café Montmarte)**

Řetězová 7
地铁 A 线 Staroměstská 站

哈维尔集市（Havelské Tržiště/Havel's Market）

Havelská 13
地铁 A，B 线 Můstek 站

布拉格查理大学（Univerzita Karlova v Praze / Charles University in Prague）

Ovocný trh 3-5
地铁 B 线 Náměstí Republiky 站

庄园剧院（Stavovské Divadlo/Estates Theatre）

Železná Street / Ovocný trh
地铁 A，B 线 Můstek 站

一杯满满的生活

　　黑，一道光，幕启。一些纤细的线，一端是手，另一端是世界。手指一牵扯，故事就开始。

　　不知从何时起，日夜不再相连，人们生活在永远的白天，或是永远的夜晚。在失序的痛苦中，从遥远东方的小国，英雄出发了，他是王子塔米诺，他要拯救世界。

　　和陌生的孩子坐在黑暗中，看木偶戏。

　　伊凡·克里玛在《布拉格精神》中谈童年，他说："从那时起，木偶戏演出便成了我一种强烈的爱好，在长大以前我举办了好几次，其中一次是在特雷津集中营。"

　　捷克木偶戏起源自17世纪，由英国、意大利、德国的巡演剧团传入。记录中最早的一部戏是1651年在布拉格上演的《魔术师浮士德博士》。传说中，浮士德的"原型"是一个波希米亚学生，名叫扬·史卡斯尼（捷克语意为"好运"，与拉丁语中的浮士德 [Faustus] 同义）。他在一幢房子里与魔鬼做交易，这幢房子就是查理广场南端的"浮士德屋"。之后，剧目中又出现了《唐璜》。在18世纪晚期，木偶戏已建立了一套

完整的范式,形成了自己的戏剧传统。

传统上,木偶戏是以家庭方式流传。艺人都是子承父业,延续这门手艺。历史上最有名的木偶"王朝"是扬·科佩基家族,从18世纪一直演到20世纪一战前。他的剧作由他儿子在19世纪下半叶出版。1862年,斯美塔那还为科佩基版的木偶戏《浮士德》写了序曲。

木偶戏演出用捷克语,许多剧目讲述的是波希米亚的英雄故事。这样就以民间的方式保护了捷克的语言、历史,带动了民族意识的复兴。除了专业剧院和演员外,在店铺、学校、酒馆、私宅中,到处都有木偶戏上演。1912年,世界第一本木偶专业杂志《捷克木偶》出版。两次大战之间是木偶戏的黄金岁月。木偶大师约瑟夫·斯库帕创造出了家喻户晓的父子木偶形象"斯贝尔布和胡尔威那科"。1930年,他建立了第一个现代专业木偶剧院。许多戏剧包括莎剧《哈姆雷特》《麦克白》《威尼斯商人》粉墨登场。1933年,由扬·马利克执导的索福克勒斯的《俄狄浦斯王》被认为是捷克木偶戏的一个巅峰。二战后,捷克木偶由于经济和政治原因陷入低迷。幸存的木偶戏艺术家也多面向游客表演。

台上的戏是《魔笛》,改编自莫扎特的最后一部歌剧。

指上的线交错、纠缠、前行、倒退、倾斜、起落。角色一一出场,捕鸟人、公主、夜的女王、萨拉斯妥、侍女、摩罗、仙童、僧人。塔米诺穿过了日夜的分界,陷入了爱情,经过了试探与考验、忍耐与等待……

黑暗中的孩子正经历着艰难的时刻,与那些木头小人儿一样艰难。幸好他们还有一支魔笛。

"我的任何一个木偶都是有灵魂的。"

要说一个人：伊利·特尔恩卡。1912 年，特尔恩卡出生于捷克比尔森，父亲是工匠，母亲是裁缝。他 5 岁便能刮削制作木偶，之后，开始师从斯库帕。他做的人偶可爱而细致，场景、服装、动作别具一格。从布拉格工艺美术学校毕业之后，特尔恩卡创建了一所自己的木偶剧院——"木头剧院"，直到二战爆发剧院被迫解散。他开始从事舞台设计工作并为儿童书籍绘制插画。1946 年，他与几位动画师共同组建了一个工作室"BratrivTriku"，并着手致力于木偶戏的改良工作。1948 年，以捷克的民间生活和传统的节日狂欢为蓝本的《捷克年》(*Spalicek*) 在威尼斯电影节上获大奖。虽然片中的木偶面部没有表情，四肢动作僵硬，但照明、彩色和建造得非常出色的布景却赋予它们强烈的生命力。特尔恩卡工作室先后推出了《好兵帅克》《皇帝的夜莺》《仲夏夜之梦》等出色的木偶片。

1965 年他拍摄了短片《手》，这也是他最后一部作品。影片只有两个"演员"：一个小木偶和一只人的大手。片中小木偶代表着艺术家，他打扮老派，看上去是个乡村艺人，正全神贯注地制作黏土罐，忽然一只手闯了进来，逼迫艺人依他的模样做出一个英雄雕像来。被拒绝后，这只手不断地折磨艺术家。最后艺术家自杀了。象征权力的大手"衣冠楚楚"地又一次出现，给艺人小小的棺材上盖上体现荣誉的勋章。这部短片被视为对布拉格之春的某种预示。当时，片子通过了审查，但特尔恩卡受到了批评。1969 年，他因心脏病死于布拉格。死后，短片《手》被禁，20 年。

台上已是大团圆。塔米诺得到了大日轮，恢复了日夜秩序，世界安

帅克木偶

宁。王子公主过上了幸福生活。

线一根一根散去,故事讲完了。

看戏的地方是布拉格国家木偶剧院,建立于1991年6月1日,在市图书馆艺术装饰风格建筑内。剧院前身是有着独特历史地位的"木偶王国"剧院,始于1929年,那一年在这儿成立了国际木偶联盟。迄今,这里举行了超过20场为成人和儿童表演的传统木偶剧的首演,以及6000多场的经典剧目的长期演出。而莫扎特原著的《唐璜》是布拉格最出名的木偶剧，迄今已演出了 4500 多场。

跟散场的孩子走进扎泰茨街的光明之中。

接着就是克莱门特学院恢宏的巴洛克建筑群。11 世纪时，它还是一座小圣堂，1556 年成为耶稣会大学，1654 年成为查理大学的一部分。现在，这里是捷克的国家图书馆，收藏有莫扎特的作品，第谷·布拉赫和夸美纽斯的纪念物。

在老城，每一步都牵连着黏稠的过去，根本无法了解每一道门，——走过就是。

"我最爱苍茫的黄昏，唯有在这种时刻我才会感到有什么伟大的事情可能要发生。当天色渐暗，黄昏来临时，万物就变得美丽起来，所有的街道，所有的广场，所有在暮色中行走的人，都像蝴蝶花一般美丽，我甚至觉得自己也是一个漂亮的小伙子了。我喜欢黄昏时候照镜子，走在街上看橱窗玻璃中映出来自己的身影……"

此时，胡索瓦街的玻璃上都是布拉格的身影。

一幢 14 世纪的哥特民居，经历了文艺复兴和巴洛克翻改，只留下一道哥特式的门，极狭窄。1702 年，门上方雕刻了一只石头老虎，金色老虎。

这就是赫拉巴尔的金虎酒馆。

屋顶低垂，桌子左右两列，一字排开，挨挨挤挤，灯裹着一团团强烈的烟雾，明灭的火点儿。菌集着大量的陌生人。到处有老虎的雕像、图形、比喻。油脂、肉香、卷心菜烂熟的紫色、高谈阔论、眉飞色舞、重重心事。闪耀在众人中的是无数的杯子，一半是酒有老虎的金色一半是泡沫正在不停破碎。

金虎酒馆

　　酒馆的老板讲过一个故事。二战前的法国总理爱德华·赫里欧曾来金虎,陪同他的是外交部的一个科长,也是金虎的常客。他们点了猪肩肉、面包和芥末酱,匿名混在众人之中。赫里欧一边喝酒一边说:"对面坐的是众议院的议长,可他旁边的先生我不认识。"科长回答:"他是来自玛兰特什卡的画家。"赫里欧打了招呼又小声说:"那位是行政法院的院长,可他旁边的先生我不认识。"这位科长也不认识。这时,坐在他右边邻座的酒客说:"他是来自卡洛夫卡的葬礼灯具制造商。"赫里欧惊讶地转身问:"那您是谁?"这位先生举起酒杯回答:"我是来自斯科瑞普卡街的看门人。"这位总理随即大声宣布:"先生们,你们错了!民主不在法国,在这儿!"

　　这个民主的酒馆,历来就有各色人物。之前最著名的客人是诗人卡雷尔·希内克·马哈。之后最著名的客人是赫拉巴尔。

"我跟着天意走，现在就是写着玩儿，写完之后就不会再看。我已经对自己写的东西不感兴趣了。我总是写得很短，写完后就赶着坐公交车回金虎酒吧。"写这句话时赫拉巴尔81岁，1995年。

作家热爱啤酒。

在《一缕秀发》中，赫拉巴尔借弗朗茨的手为啤酒写了许多条广告语："多饮些啤酒，少一些痛苦和烦恼——我们的啤酒会恢复您已被损坏的健康——谁不喝啤酒，忧伤满怀；喝了啤酒，脸红如少女——活着没有啤酒，我宁可死去——啤酒使您恢复健康——多喝一份啤酒，多一份健康——啤酒里您能得到清新活力，得到一切——谁想愉快地生活，一定要喝啤酒……"

赫拉巴尔一定会来金虎，在任何天气，以任何心情。他因为不同的原因变换过不同的酒吧，比如"猫"（U Kocoura）、"松鸦"（U Sojků）、"车厢"（Na Formance），但最爱的还是老城的金虎。当他讲述酒吧情节时，金虎也总是故事场景。他的桌子在酒吧深处靠近厨房的过道边。

以赫拉巴尔为核心，金虎有一个圈子。新马克思主义哲学家卡雷尔·科西克、历史学家巴图切克、语言学家斯拉瓦·赫尔曼、音乐家卡雷尔·马里斯科、画家弗拉基米尔·布尼克、依沃·泰特拉以及赫拉巴尔在利本区时期交下的一群朋友。他们出现在金虎，出现在故事里。

在这里，赫拉巴尔把自己的"地下文学刊物"分发给知近的人。在这里，他据理力争，可是歌手弗拉斯塔·切什尼雅克还是被秘密警察逮捕，投入监狱。

有时哈维尔和他的妻子奥尔加以及其他的持不同政见者也会来到酒吧。

"天鹅绒革命"后,1994年1月11日晚上,哈维尔、克林顿、赫拉巴尔三人在此会面。克林顿喝了三杯啤酒,吃了一份肉片,连第二天早上的慢跑也取消了。赫拉巴尔只是喝酒。来小馆儿拜访作家的显贵还有很多,比如亚历山大·杜布切克,比如美国前国务卿、捷克老乡奥尔布赖特。

这里也充满了赫拉巴尔的读者,每个人都想与作家说话,看那些小说中的场景。

侧身走,被侍者按在一行酒客的一个空缺处。话还未说,一扎啤酒已"当"的一声落下。附一张小纸条,用笔划一道儿,作为记数。

金虎的秘密在于布局。没有孤立的桌子,一张条案,众人必须分享。座位极小,没有私人空间和回旋的余地。所以必须交谈,必须敞开心扉。因为酒也因为不相识,人们在一起说实话、梦话、疯话。邻座的兄弟已和周围所有人碰过杯子,大声说着挪威语,不管别人是否能懂。说,是最重要的。他手边的小纸条已遍布划痕。

一切都是为孤独准备的。

赫拉巴尔喜欢和三教九流一起喝啤酒,聊天。"小酒馆在其宗教仪式中是个集体的剧场,在这个剧场里,那些相当普通的人常常扮演他们想要成为的人,把自己的生命升华到生与死的边缘。在那里就连最普通的小人物也能即兴表演,能够说出些富有灵感与想象力的言辞。"

但如果有人让他在书上签名,他会拒绝。一夜,一个叫彼得·科瓦克的匈牙利人走进金虎。他来自维斯普雷姆,到此只为索要赫拉巴尔的签名。他用捷克语搪塞"我不懂匈牙利语"。这个人拿出一大瓶维斯普雷

一杯满满的生活　　　　　　老城
　　　　　　　　　　　　　　Staré Město/Old Town

金虎的酒客

姆好酒递给作家。他尝了一口，说："他妈的，太好了！我不会和任何人分享！"他塞好酒瓶，给书签了名。

　　杯子里是 12 度的皮尔森啤酒（Pilsner Urquell 12°）。
　　从 1843 年开始，金虎基本上只卖这一种酒，老板称它是"生活的镇静剂"。
　　酒保反复来去，你不说停，面前就永远会有一扎新酒。
　　每一分钟都有新的酒客走进来，也总能找到一个地方。

051

金虎的客人中还有导演伊利·曼佐、米洛什·福曼，演员伊利·克兰波尔、朱拉什·库库拉、阿洛伊斯·史万克，歌手扬·沃德尼扬斯基、卡莱尔·高特，后者在歌中将金虎称为他"第二个家"和"一杯满满的生活"。

之前，女性是不允许进入酒吧的。如若有女人进入，必遭到严重冒犯。直到二战时，一个叫依莲娜的女人和他的飞行员未婚夫走进金虎。那夜，他们一共喝了44杯啤酒，他22杯，她也是22杯。侍者当时就臣服了，说，夫人，这个位子将一直属于您。直到80多岁，依莲娜还会来金虎，每周二晚上，通常会喝上6杯。

酒馆各个角落散落着各种纪念物，酒桶、招贴、鹿角、旗帜。来来回回拉手风琴的艺人和几乎听不见的乐曲。还有一只不知什么人带来的不知所措的狗。到处是赫拉巴尔的照片和注视。墙上还有作家头像，配了一束追光。夜越深，越刺目。对面的空中，在吧台上方，烟雾中，喧嚣中，悬吊着一只老虎，金色老虎。

 国家木偶剧院（Národní divadlo marionet/National Marionette Theatre）

Žatecké 1
地铁 A 线 Staroměstská 站

 金虎酒馆（U Zlatého Tygra/The Golden Tiger pub）

Husova 17
地铁 A 线 Staroměstská 站

桥

跟从这个木偶艺人，赶往黄昏。跟从他背后的旧风琴，皮腔折皱里的灰尘，他手中十字形木架、纠缠的线、线尽头的木头孩子。跟从他们秋天才有的影子和影子打在砾石路上的声响。

查理街是一道布拉格的皱纹。一条 12 世纪的老街，与采莱特纳街一样，也是一段国王路，从小广场向西，通向查理大桥。纤细、曲折，文艺复兴式、哥特式建筑，逶迤稠密，一块一块岁月的补丁。房子都有名字，3 号叫"金井"，有着辉煌的巴洛克式大门，曾经是教皇使者的住所。对面，在查理街与百合街转角，"金蛇屋"是一间饭馆。起初是一间铁匠铺，1713 年，美国商人狄达笃·迪加马纳斯在门口向过往的路人兜售咖啡，布拉格有了第一家咖啡馆。作家阿瑟·诺瓦克、画家奥塔卡尔·梅耶里、扬·斯拉维切克，一众波希米亚艺术家在此聚会。在胡索瓦街角，是克拉姆-格拉斯宫，一座旧时巴洛克贵族府邸，大门有精美雕像。在 18 世纪，这里经常举行舞会和音乐会，莫扎特和贝多芬曾在此演奏。现在这是布拉格的档案馆。8 号，一间叫"虚构"的黑光剧场。20 号"蓝矛屋"是布拉格最早的电影院。

跟从木偶艺人转入一条小街,低头划一支火柴,点烟的片刻,艺人就消失了。游荡,仿佛被丢弃的木偶,在不相识的街。

沿着一些不洁的涂鸦,进入一处小庭院。一幢三层建筑,墨绿大门,灰绿墙皮,白色窗,"栏杆剧院"就像平庸的公寓。

剧院1958年创立,上演音乐剧和默剧。1963年,哈维尔的第一部剧作《游园会》在这里登台,此后,"栏杆"成为捷克荒诞派戏剧的中心。上演的剧目包括哈维尔的《备忘录》、阿尔弗雷德·雅里的《乌布王》和卡夫卡的《诉讼》。1970和1980年代,"栏杆"又是捷克新浪潮电影导演的避难所。埃德尔瓦·朔尔姆、伊利·曼佐、乔拉·赫兹等都曾在此执导戏剧。1984年7月,由赫拉巴尔小说《过于喧嚣的孤独》改编的话剧在"栏杆"首演。现在这里依然是布拉格活跃的前卫剧院。

此外,"栏杆"也办展览,1963年,扬·索德克就是在此举行了第一次摄影展。

它过于简朴了,表明身份的只有贴在窗外的演出海报、演员的照片和那些来自生活之外的目光。

兜兜转转的小街,不见木偶艺人,但他一定在不远处。

走进卡洛琳斯维特莱街深处,看见一幢灰粉色小楼,黑门,黑招牌,写着"海明威酒吧"。所以,喝一杯。深色,木头与皮子质地,密集的酒与作家的照片。他们号称有布拉格最好的苦艾与朗姆。坐在吧台边,酒保招呼着倒酒,酒起名"海明威的汽油"。轰轰烈烈的一口。一条街都是孤单的声响。

要走到斯美塔那堤岸,要看见伏尔塔瓦河。

桥　　　　　　　　　　老城
Staré Město/Old Town

栏杆剧院

"伏尔塔瓦"名自古德语，意思是"野水"。

水声、泡沫、泥土、含混的光、远处的鹅群、隐约的鱼的气味。

作家卡雷尔·恰佩克曾说伏尔塔瓦河是"无法表达的，不能写成诗句，直到最后一滴"，而这正是充满诱惑的。

1874 到 1879 年，斯美塔那创作了交响诗套曲《我的祖国》，包括六首交响诗：《维谢格拉得》《伏尔塔瓦河》《莎尔卡》《捷克的田野和森林》《塔波尔城》和《勃兰尼克山》。讲述了波希米亚的历史、自然、神话、宗教。作品带着强烈的捷克民族情感与自由精神。1874 年 11 月 20 日到 12 月 8 日，斯美塔那写了其中的第二曲《伏尔塔瓦河》，E 小调，急促的快板，6/8 拍，长度 12 分钟。作曲家说："这部分创作描述了伏尔塔瓦河，开始是两条主要源泉，一条温暖，一条冷静，两股细流汇成一条激流，穿过森林、草地，穿过美好的风景，那里有农人正在新婚欢宴，美人鱼在月光下起舞，近旁陡峭的山崖围绕着城堡，高处的宫殿、废墟。之后，伏尔塔瓦冲入圣约翰激流，经过布拉格时它变得宽阔而平缓，再

流过高堡,庄严地消失在远方,最终汇入易北河。"那时,斯美塔那已完全失聪。

《伏尔塔瓦河》1875年4月4日首演。之后,慢慢地,它成了捷克的第二国歌。二战中,纳粹曾禁止布拉格演奏这首乐曲。不过,谁也无法阻挡一条河。历史上,这条河也曾多次冲出堤岸,1784、1845、1890、1940、2002……

布莱希特曾以斯美塔那的乐曲为灵感,写过一首同名的歌,其中有这样的唱词:"在伏尔塔瓦河深处鹅卵石在漂移/在布拉格三个死去的皇帝放到腐烂。"

有船行过,有鸟跟随。

没有往事的河不过是流水。

同一条河,米兰·昆德拉是这样写的:"河水从一个世纪到另一个世纪,不停地流淌,纷纭世事就在它的两岸一幕幕演出,演完了,明天就会被人忘却,而只有滔滔江河还在流淌。"

"天还下着毛毛细雨。她站在沃尔塔瓦河面一块啪啪作响的甲板上,一块几平方英尺的高木板,让她逃避了城市的眼睛。"这是《生命中不能承受之轻》中的一幕,她还是特丽莎。

沿着堤岸、逆流。

嵌在河水中,一幢文艺复兴风格建筑,原属于布拉格水利公司,1936年以来,这里是斯美塔那纪念馆。门外,面对河水的是作曲家的铜像。一个布置简洁的空间,照片、剪报、书信、乐谱、私人物品。还有,音乐家的耳骨。

停在一处谱架前,听一段《被出卖的新嫁娘》。

查理大桥上,黄昏刚开始。

伊凡·克里玛说:"查理大桥是布拉格的精神和物质象征中心。是这个城市的位置在欧洲的一个象征,至少从这座桥的地基铺好开始,欧洲的这一半和那一半就一直在相互寻找。东方和西方,同一种文化的两个分枝,却代表着不同的传统,欧洲人不同的宗族。""它也代表了这个城市罕见的无可伤害,它有从灾难中重新恢复的能力。"

9世纪,这里只有渡船;1118年,建筑了一座木桥;1158年,石桥取代了木桥;1342年,石桥被洪水冲毁。根据宫廷占星师的计算,国王查理四世在1357年7月9日凌晨5点为新桥垒下基石。大桥横跨伏尔塔瓦河,长520米,宽10米,16座桥墩。直到19世纪,这是唯一连通老城和小城的桥,也是历代国王加冕游行的必经之路。

桥上有30尊圣者雕像,都是17—18世纪捷克巴洛克艺术大师的杰作,被欧洲人称为"欧洲的露天巴洛克塑像美术馆"。雕像的原件现保存在博物馆内,桥上大部分是复制品。卡夫卡也曾在日记中写下"查理大桥上能使人激动的圣像"。

一一走过。直到桥右侧的第八尊,圣约翰雕像。圣约翰在担任布拉格主教期间,王后曾向他忏悔,而国王怀疑王后与他人私通,故而向圣约翰追问王后的忏悔内容,誓守戒律的圣约翰拒绝了国王的要求,盛怒的国王命令士兵将他从查理桥扔下去淹死。据说,在他坠入河中的一刹那,天空中闪耀出五颗星星,于是布拉格的人民相信圣约翰是秘密的守护神。围栏中间刻着一个金色十字架,这个位置就是圣约翰从桥上被扔下的地点。

查理大桥的圣像

连绵不绝的游客,席卷的游客。他们带着照相机和盲目的热望,走过这个十字,走过这次价值连城的落日。他们太多了,多得与秋天不符,多得没有余地。他们已走过所有可能的地方,挂着锁的地方,写着情人名字的地方,像缝着沉重的蕾丝,走过一个画像者削着铅笔、空纸、风,走过一只大提琴,低头的演奏者,一曲《加布里埃尔的双簧管》,走过一个吹泡泡的人,巨大的可以居住的泡泡,一个等着它破碎的孩子……

1924年5月,静静地躺在维也纳郊外疗养院里的卡夫卡,让守候在他身旁的好朋友雅努斯记下了他的最后一句话:"我的生命和灵感全部来自于伟大的查理大桥。"

1989年以处女作《性、谎言、录影带》成名的史蒂文·索德伯格，在1991年拍摄了黑白电影《卡夫卡》。这不是一部规矩的传记片，而是将一起虚构的离奇的案件植入了作家真实生活之中。片中，卡夫卡是保险公司的小职员。一天，唯一跟他来往密切的同事落水而死，其未婚妻不相信警方"自杀"的说法，来找卡夫卡帮忙。随着情节不断推进，卡夫卡不断地切近真相……电影融入了卡夫卡的几乎所有重要作品，比如《城堡》《审判》。

"剧本有两点吸引我：首先，我热衷于神秘电影；第二，我喜欢这种逐层剥离直抵真相的方式。"索德伯格说，"我阅读卡夫卡，喜欢他的作品。剧本几乎涵盖了他的生活中所有有趣的元素。以此围绕着一个神秘故事再好不过了。"

扮演卡夫卡的杰瑞米·艾恩斯从头到尾没有笑过一次。"我知道自己的样子符合人物，我高瘦，头发长而直。不过对此我并不感兴趣。""拿到剧本时，我认为这是真正的另类，它并不完美，但与史蒂芬合作是值得期待的。我看过《性、谎言、录像带》，印象很深刻。对我来说拍电影是一场未知的旅行，反正都是。"

索德伯格认为艾恩斯"有着角色需要的完美的智慧和强度。"

而艾恩斯不是卡夫卡迷，即使在布拉格拍片期间也没有成为。"一个人真正爱上卡夫卡，是在一个人的青春期，我已经错过了那个时刻。我开始案头工作，买了许多卡夫卡的书准备读。但史蒂芬说'不要读'。我说'我正扮演弗兰茨·卡夫卡'。他说'不对，等一下，你正在扮演的是卡夫卡'。所以我们从来不叫他卡夫卡，在我的心中他是乔·卡夫

卡。我意识到我正在扮演的角色更像是约瑟夫·K，小说《审判》的主角。"

"我对古怪的、肮脏的、奇异的角色有兴趣。"他说。

影片一开始就是被害人在清晨踉跄地跑过空无一人的查理大桥。剧中还有一场戏，是卡夫卡与加布里埃尔（泰莉莎·拉塞尔扮演）的一次尴尬的见面。那时，他们就走在查理大桥上。

片子并不算成功。2013 年，索德伯格表示要在 22 年后重新改造这部电影。"片子出来的时候，混合的负面反应让我非常沮丧。我正在彻底重新思考这部片子，希望至少把它变成一个完整的东西。电影中随处可见的腔调是年轻导演的经典错误。我想使它更抽象一点儿，更倾向于纯粹的艺术片。"他将加入新的对话、故事线，是一部完全不同的电影。更有趣，松弛，短一些。2015 年一次访谈中，索德伯格说他的确为这部电影进行了新的拍摄，但新版本还不知何时出来。

陡然，有手风琴声，之后，有木偶在人群中跳舞，快乐极了。它的影子、它的线。

那时，查理大桥像一个忧伤的老玩具。

灯亮了，布拉格打开了黑夜和糖果。

查理街（Karlova Ulice/Charles Street）
查理大桥（Karlův most /Charles Bridge）
地铁 A 线 Staroměstská 站

桥　　　　　　　　　　　　老城
　　　　　　　　　　　　　Staré Město/Old Town

- 栏杆剧院（Divadlo Na zabradli/The Theatre on the Balustrade）
  Anenské nám. 5
  地铁 A 线 Staroměstská 站

- 斯美塔那博物馆（Muzeum Bedřicha Smetany/Bedřich Smetana Museum）
  Novotného lávka 1
  地铁 A 线 Staroměstská 站

巴黎街向左

桌上是一杯黑咖啡、一把勺子、一个小纸袋。袋子上印着卡夫卡忧郁的肖像，撕开，沿着他的名字，糖洒出来。小馆有古怪的名字——"卡夫卡吃货咖啡馆"。这里有充足的气氛：作家的照片、地面马赛克的细碎、椅子的陈旧、灯的暧昧、墙皮颜色的稀薄，也有萦绕其间充满工业感的金属通风管。

有点儿昂贵，可说不上卡夫卡陷阱。

离开。那些杯子边上的糖袋，有的还是完整的，卡夫卡的脸和不安都原封未动，有的不是，这种不安已经被彻底撕开了。被那些喜欢加糖的人。

游荡，在约瑟夫城，布拉格的犹太人区。

波希米亚的犹太人是何时来的，来自哪里，没人说得清。不过，中世纪早期文献中已有犹太人的记述。10到11世纪，布拉格有两处定居点，一处在城堡区，一处在高堡。1100年后，犹太人开始定居在西班牙教堂一带，慢慢形成了老城中的犹太人区。布拉格的犹太人有过可观的繁荣，有过堕落的时代，被血洗过，被反复驱逐。8万人死于二战。

走在巴黎街。美丽的树和连绵不绝的奢侈品店，做派十足的橱窗，衣裳、鞋子、包、珠宝、化妆品、波希米亚水晶。

每座城市都会有一条虚荣的街，似曾相识。

巴黎街开辟于19世纪末，从老城广场北端起，穿过约瑟夫城抵达河岸，连着切赫桥。本想完全复制一条巴黎的香榭丽舍大道，但是这个计划因为缺乏资金和老城居民的反对而放弃。街边的建筑多是新艺术风格，建于20世纪第一个十年。现在，巴黎街依然是布拉格的香榭丽舍，是最昂贵的街道，公寓和店铺的租金是布拉格以及捷克最高的。

2004年，电影《王子与我》在这条街上拍摄，电影中的地点是丹麦的哥本哈根。

巴黎街5号，白色拱门，两侧是时装店。特殊在于，走进去，有一家小鼹鼠公司。

兹德涅克·米莱尔生于1921年，从小喜欢绘画，1936年进入国家美术学院。1942年，米莱尔开始在兹林的一家动画工作室工作。二战后，他进入"捷克动画之父"特伦卡的工作室。从草案人员到编剧、导演，成为核心人物。1948年，米莱尔导演了自己的处女作《偷太阳的百万富翁》，并在威尼斯电影节获得了特别奖。

1956年的一天，米莱尔在克拉德诺的树林中散步，不小心被鼹鼠打洞堆出的土丘绊倒。他意识到鼹鼠是少有的还未被迪士尼染指的小动物。灵感来了，米莱尔创造了新的动画形象。那年，《鼹鼠的故事》系列第一部《鼹鼠是怎样得到裤子的》在布拉格首映，并大受欢迎。故事讲的是，树林的小动物们蜘蛛、鸟、螯虾帮助鼹鼠处理亚麻，得到了他的新裤子。1957年，该片获威尼斯电影节银奖。

开始时，《鼹鼠的故事》不过是电影长片放映前的暖场短片。作为一个系列的第二部与第一部也相隔了数年，上映时已进入了20世纪60年

代。不过，它人气的高涨也是源于当时电视机的普及。从1965年开始，捷克电视台每天晚上7点钟都有一档专门播放动画片的栏目，《鼹鼠的故事》也随着这档节目迅速红遍整个国家。

半个世纪，米莱尔主持创作了近50部描绘小鼹鼠历险经历的动画片，其中大部分创作于1970年代和1990年代。第一部作品是有旁白的，但米莱尔希望各国观众都能看懂，于是在之后的片子里去掉了旁白。他改用自己的女儿做配音演员，为片中角色配音，并且只用强调语气的嗓音，不用真实的对话。这一策略取得了成功，系列动画片受到包括中欧、德国、奥地利、俄罗斯、伊拉克、中国、日本、印度在内的世界各国儿童观众的喜爱。相关的电影、图书等产品被翻译成20种语言，在80多个国家发行。米莱尔也被称为"小鼹鼠之父""捷克的迪士尼"。

米莱尔一生共创作了约70部动画片，除了《鼹鼠的故事》之外，还有《蟋蟀的故事》等。

2011年5月16日，一个鼹鼠的填充玩具被带到"奋进号"航天飞机上。携带者为美国宇航员安德鲁·费尤斯特，因为他的妻子是捷克裔。

2011年11月30日，米莱尔在距布拉格不远的一家疗养院去世，90岁。 兹德涅克·米莱尔临终前说："我画了一辈子的小鼹鼠，最终我才知道，原来我画的是自己啊！"

小鼹鼠公司由米莱尔的孙女创立，旨在让这个卡通形象继续温暖孩子们的童年。2013年，她还与中央电视台签约，拍了一部新动画片《熊猫和小鼹鼠》。

带走一只小鼹鼠，找一个配得上它的孩子。

奢侈就是千篇一律。

巴黎街像粘着金钱的油脂，要么深陷其中，要么形同陌路。

游荡，巴黎街向左。

"在布拉格，一辆车子——/一辆单马车——/经过老的犹太墓园。/马车载满对另一个城市的思念，/我是那驾车人。"这是土耳其诗人希克梅特写的。

此时，没有马车，也没有驾车人。

阴天与墓碑，倾斜、稠密、乱、破碎。像骨牌不停倾覆。一年，一世纪。石头在腐烂，刻着越来越浅的名字和越来越深的雨水。唯一温柔的是草和青苔。

犹太墓园始于15世纪。1439年，人们埋葬了拉比、诗人阿维格卡拉，他的碑石是现存最古老的一块。之后三百年，犹太名人、拉比、贵族、学者、科学家、哲学家、普通人都埋在这里。因为犹太人不能随意购买土地扩大墓园，传统也不允许毁掉老的墓穴，所以这里变得异常拥挤。估计，在11000平方米的范围内大约有12000个墓碑，有多达12层的墓葬，10万安息的人。

布拉格的老犹太公墓是欧洲第二老的犹太墓地。更老的"圣沙"犹太墓地位于德国的沃尔姆斯城，建于1076年。

一大片落叶敲打着拉比勒夫的碑石。他是塔木德学者、哲学家，1609年葬于此。在传说中，这个人用伏尔塔瓦河岸的泥创造出"魔像"（Golem，直译为"戈仑"），保护布拉格的犹太区。在一张灵符上写神灵的名字，插入泥人嘴里，就赋予了泥人生命，谁插入的灵符，泥

人就听谁指使。传说,有一天,拉比去犹太会堂前忘记从魔像嘴中取走灵符。无所事事的魔像就开始破坏拉比家中的雕像和家具。女仆吓坏了,跑到犹太会堂请回拉比。拉比训斥魔像,要求它停止破坏,并将灵符从它口中取走。一瞬间,魔像化为尘土。另有传说,魔像被封存于新旧犹太会堂的阁楼中,此后无人打开过阁楼。直到现在,只有两个人曾被允许进入阁楼——1920 年,记者埃贡·欧文·基希探求魔像无果。20 世纪 80 年代,伊凡·马克勒试图使用地质雷达搜求魔像。

"我既没有入睡也没有醒着,半梦半醒中,我过去的经历——我看到和听到的一切都在灵魂深处融合,就像混合着各种光芒和颜色的河流,一齐向前涌动……"

1915 年,犹太作家古斯塔夫·梅林克出版了他的第一本小说《魔像》,故事就发生在布拉格的犹太人区。

墓园很美。有最新鲜的光和最彻底的沉睡。

摄影师约瑟夫·索德克总在黄昏时到来,等着最后一缕太阳落在石碑上。他相信那一定意味着什么。

1784 年,出于卫生考虑,国王约瑟夫二世下令城墙内的区域不允许埋葬新的人。1787 年,老犹太墓园埋葬了最后一个人。之后,犹太人使用了济之科区的一处 17 世纪墓地,那里埋的都是死于鼠疫的人。1891 年,新犹太墓园建成,1924 年,人们在那儿埋葬了卡夫卡。

将近出口的石墙,遍布浅浅凹痕,收留着祈祷者的字条,像雪。

巴黎街向左

约瑟夫城
Josefou

老犹太人公墓
许愿墙

隔壁的街已满是鲜衣怒马。

迎面，一幢新文艺复兴建筑——布拉格装饰艺术博物馆，像小版罗浮宫。开始于 1900 年，20 万件收藏，都是人们过日子的东西、衣裳、家具、瓷器、首饰以及所有细小的事物。

一间一间地看，要有足够的耐心才能看得见。

一只立体主义的咖啡壶——一本打开的烫金的书——静静的沙漏中的沙子——一袭长裙上一根跳开的线——一只复杂极了的玻璃花瓶和一个漂浮其中的气泡——一面洛可可镜子角落里的指纹——一盒用到一半的脂粉——无数钟表停在不同时刻的指针……

岁月走远了，留下了它的道具。

看，捷克人几百年的日常生活。真的有意思，真的看不完。

在布拉格，不走到河边是无法收场的。幸运的是，总会走到河边。

有一种巧合，当你无意间看着一盏街灯，它就亮了。你相信这个夜晚将会被祝福。就像现在，这盏街灯的明亮为布拉格找回了影子。

为一片屋檐，一个门口，一辆有轨电车的远去，为堤岸、树、沉着的河流、辽阔的广场、孤独的雕像，找回了影子，也为这些衣冠楚楚的人，他们考究的仪表和对于美好的期待。他们穿过广场和德沃夏克青铜的背影，走进了鲁道夫音乐厅巍峨的大门。

鲁道夫音乐厅建筑于1876到1884年。1885年2月8日，奥匈帝国

犹太人区夜幕

王子鲁道夫亲自主持开幕式。这是布拉格最大的新文艺复兴建筑，具有多重文化功能。

卡夫卡在此听音乐会，看现代艺术展，听讲座。

1946年以来，这里是捷克爱乐乐团的驻地和布拉格之春音乐节的主要演出场地。

音乐厅中有一间鲁道夫画廊。主要展出现代摄影，包括捷克人体摄影大师弗朗齐歇克·德勒提科的作品，也有辛迪·舍曼、尤尔根·克劳克、尼奥·罗施、戈特弗里德·郝文的作品。

他们走进的是德沃夏克厅。他们坐在高耸的屋顶、环绕的柱式、华灯之下，坐在一种神庙的氛围之中，就要开场。

这是欧洲最古老的音乐厅之一，以其完美的音响而著名。1886年1月4日，德沃夏克指挥捷克爱乐乐团进行了第一场演出。它也是布拉格最重要的两家音乐厅之一，另一家是市民会馆内的斯美塔那音乐厅。

灯光暗了，安静。

传来第一行乐声。

1969年7月20日当阿波罗11号的登月舱降落在月球的表面，阿姆斯特朗为宇宙带去了代表全人类的音乐杰作，它就是灌制在唱片里的德沃夏克的第九交响曲——《自新世界》，作品95。

舞台正在响起的惆怅来自第二乐章。德沃夏克从来没在这个旋律里用过歌词。可是，许多人为它填了词，唱成歌。美国版叫《回家》，中文版叫《念故乡》：念故乡，念故乡，故乡多可爱；／天甚清，风甚凉，乡

愁阵阵来；/故乡人，今如何，常念念不忘；/在他乡，一孤客，寂寞又凄凉；/待何时，回故乡，重返我故园；/众亲友，同举杯，共饮旧事乐。

听。

黑暗中的人，可能流泪，可能微笑。

他们不知道，一百年前，一个叫卡夫卡的青年就坐在他们之中。

他们不知道，今晚，一盏街灯祝福了一个异乡人。

约瑟夫城的夜行人

约瑟夫城
Josefou

巴黎街向左

🦐 巴黎街（Pařížská ulice/ Paris Street）

地铁 A 线 Staroměstská 站

🦐 卡夫卡吃货咖啡馆（Kafka Snob food Café）

Široká 12,110 00 Praha
地铁 A 线 Staroměstská 站

🦐 老犹太公墓（Starý židovský hřbitov/ Old Jewish Cemetery）

Široká，110 00 Praha
地铁 A 线 Staroměstská 站

🦐 装饰艺术博物馆（Uměleckoprůmyslové museum / Prague Museum of Decorative Arts）

17. listopadu 2
地铁 A 线 Staroměstská 站

🦐 鲁道夫音乐厅（Rudolfinum）

Alšovo nábř. 12
地铁 A 线 Staroměstská 站

1912 年 9 月 22 日午夜

最后一个孩子走出这个门口，沿着玛斯奈街（Masná）的狭窄，含混的光影，墙上细碎的涂鸦，消失在约瑟夫城正午的深处。

"Masná"直译为"肉"，以前，这条街就是肉市。童年时，卡夫卡每天都要经过那些悬挂的生肉。在左边，肉铺对面是一所捷克语小学，门口写着夸美纽斯的话："一个捷克孩子应入一所捷克语学校。"在右边，街的 16 号，就是卡夫卡上学的德意志男子小学。那些年，有关国籍和语言的冲突也波及小学生。德语和捷克语孩子之间经常会打架。这个门口就是那所捷克语小学，还在，对面卡夫卡的学校已不复存在，是一幢公寓。

这条街的 8 号曾是一家德语商学院，为了逃离他的第一份工作，1908 年 2 月到 5 月，卡夫卡进入这里的夜校学习劳工保险课程。

公寓蓝色大门旁边，有一家叫"湿婆"（Siva）的茶馆，有一个女人走出来，带着一股突兀的印度香，黑暗又安静。

这一天，这一种不明确的天气，布拉格被什么萦绕着。

"肉"街向西，兜兜转转，结束在一个纷纭的路口，相遇的第一条街

1912 年 9 月 22 日午夜

叫"长街"（Dlouhá），第一座楼叫"金墨鱼屋"，1915 年到 1917 年，卡夫卡就住在这儿。那是一段低回的时光。1916 年冬天，卡夫卡就是每天从这里出发前往城堡的黄金巷写作，夜里再回来。

第二条街叫"山羊"（Kozí），烘焙的香气来自转角的"布拉格面包店"。黑白马赛克地面，蕾丝花样屋顶，恬静简朴。一杯咖啡，一只羊角面包，一个片刻，看得见卡夫卡的房间。

出门，沿科尔科弗涅街（Kolkovně）向西北，慢慢热闹，徒然店铺，徒然人群，尽头就是约瑟夫城的腹地。那里几条街相交，中心是很小的环岛，环岛中心是一棵树，不属于任何方向。

卡夫卡在小说《一次战斗纪实》中写："我异常熟练地跳到我朋友的肩上，用两只拳头击他的背部，使他小跑起来。可是他还是有点儿不情愿地用脚踩地，有时甚至停了下来，于是我多次用靴子戳他的肚子，以使他更加振作起来。我成功了……"

根据这一文本，捷克雕塑家雅罗斯拉夫·罗纳创作了一件青铜作品。瘦小的卡夫卡戴着礼帽，骑在一个高大的、行走的无头男人肩上。2003 年 12 月 5 日，为了纪念卡夫卡诞辰 120 周年，3.75 米高的雕像被立在西班牙犹太会堂和基督教的圣灵教堂之间，灵魂大街（Dušní）与监狱大街（Vězeňská）的拐角处，这里正是昔日布拉格犹太区的中心。

此刻，在云下面，卡夫卡的目光越过游客的头顶，注视着这个多向的路口和这棵树的迷茫。

"当你站在我面前，看着我时，你知道我心里的悲伤吗？你知道你自己心里的悲伤吗？"

人们听不见他的询问，只是把雕像的裤子摸得明亮。

卡夫卡像

沿监狱大街,一直走下去,走完。

尽头是一间叫"格德拉"(Katr)的饭馆,做传统的捷克菜和烧烤。多年前,它是萨沃依咖啡馆(kavárna Savoy)。

与卡夫卡和他的圈子常去的咖啡馆不同,萨沃依并不面向中上层社会,是小破馆子,看门人是个皮条客。这是知识阶层不屑去的地方。

从 1911 年 10 月到 1912 年 2 月,萨沃依对卡夫卡产生了特别的吸引。这里菌集着一众演员,他们来自波兰华沙,上演意第绪语戏剧,描述着犹太人的生活。咖啡馆的一角,斜着挂一道幕布,舞台只有 10 平方米,演员们挨挨挤挤。道具非常可怜:宝座是厨房的椅子,哥特式尖顶是纸板做的,扮演敌方的波斯大军只是三个演员穿过舞台。他们就这样一直

1912 年 9 月 22 日午夜　　　　　　　　　　　　　　约瑟夫城
　　　　　　　　　　　　　　　　　　　　　　　　　Josefou

演到 1912 年 1 月，直到无戏可演为止。台下的观众只有几十个人，卡夫卡就是其中之一。通过这些戏剧，他第一次感知到依然没有被同化的真正的东欧犹太文化。那种粗粝、天真、热情、生命力。几个月里，他为此着迷，看了 20 场戏，和演员们交流，听他们的故事，并提出自己的建议。卡夫卡和戏班的头儿伊扎克·洛伊混成了朋友。这个人给他讲述自己的经历，犹太人在波兰的生活，并为他用意第绪语读诗。卡夫卡也把洛伊引入自己的生活圈子。不过，阶层的差异是无法跨越的。隔膜也是不可避免的事。两年后，洛伊从维也纳用破碎的德语给卡夫卡写信说："你是唯一对我好的人，唯一对我的灵魂说话的人，唯一懂我一半的人。"

　　在卡夫卡几百页的日记中，他记述了这些剧目的内容细节和对演员表演的印象。这段戏剧经验对卡夫卡的写作产生了很大的影响。这直接反映在他 1912 年秋天创作的短篇小说《判决》的结构布局上。

　　这段时光，卡夫卡甚至对一个 30 岁的女演员产生了带有情欲意味又羞涩的迷恋。作家自己解读为"爱"。她叫玛妮亚，与丈夫和小女儿都在这个戏班。卡夫卡看她演戏，坐在离她最近的位子，还尾随她上街，请人为她献花。这是大戏院才有的做派。可是，没有人当真。在演员们眼中，他依然是"博士先生"，一个显而易见的理想主义者。在现实中，玛妮亚有自己的生活要操心。

　　"当你站在我面前，看着我时，你知道我心里的悲伤吗？你知道你自己心里的悲伤吗？"

　　卡夫卡当然得不到答案，与面包相比，悲伤是一件多么奢侈的事。

　　向河水方向，走一分钟，小街叫"Obecního dvora"，直译为"城市正义"。街边公寓楼下，一处绿色门面的小酒吧，叫"詹姆斯·乔伊斯"。

稳定的深木色,酒,画,旧照片,来自过去的物件:钟表、车轮、天平、熨斗、深处两架慵懒的书、在墙上已沉没了一半的打字机。

1993年开始经营的爱尔兰酒吧,是布拉格的第一家。健力士生啤和50种不同口味的爱尔兰威士忌。客人中有哈维尔、伊凡·克里玛、鲍勃·格尔多夫、丹尼斯·霍珀、连姆·尼森、约翰·赫特、理查德·哈里斯、肖恩·宾、贾森-弗莱明、伊利亚·伍德……

在沉实吧台边,站着,喝完一杯威士忌。

像过了一整天。

詹姆斯·乔伊斯酒吧

1912 年 9 月 22 日午夜

约瑟夫城
Josefov

再走一分钟,下一条小街叫"慈悲"(U Milosrdných),有墙皮剥落着,有玻璃窗碎了多年,有涂鸦纷纷扰扰。

"当我想以一个词来表达音乐时,我找到了维也纳;而当我想以一个词来表达神秘时,我只想到了布拉格。"

神秘总是相关岁月,相关寂静,相关不期而遇。比如,此时与圣阿格涅斯女修道院的不期而遇。它的尖顶、长窗,它的红瓦、青铜。甚至它还是哥特式的,甚至还是在黄昏。

空寂的礼拜堂

圣阿格涅斯
女修道院的晚上

　　1234年，波希米亚国王瓦茨拉夫一世为她虔诚的妹妹阿格涅斯建造了这座修道院，具有皇家与宗教的双重气质。几百年里，毁坏、重建、毁坏、重建。1963年，它成为国家美术馆的一部分，主要展览中世纪波希米亚和中欧的艺术品。

　　已经没有人修道了，只是从一个空空荡荡走向另一个空空荡荡。但，拱顶极美，窗子和地上的光明极美。

　　美术馆在二楼，作品都与宗教相关，反反复复倾诉的故事。

1912年9月22日午夜

约瑟夫城
Josefov

特别动人的是神情，那些人，画中、雕像中、物件中的人，他们的神情，无辜、哀伤、坚定，那是些一去不返的神情，那时，上帝还没有死。

修道院旁边，与灵魂大街相交的比尔科瓦街（Bílkova）10号，卡夫卡1914年曾住过，在这儿，他开始写《审判》。

灵魂大街的尽头就是伏尔塔瓦河。沿着堤岸，沿着水流。河对面是莱特纳公园的高地，那里曾矗立着世界上最大的一座斯大林雕像，现在被一个巨大的节拍器所取代。1996年9月7日，迈克尔·杰克逊最后一次世界巡回演出"历史"（"History"），就是从那里开始。

之后，河流缓缓转向，就在切赫桥。

从桥头看约瑟夫城，有一家五星级酒店"布拉格洲际酒店"（Hotel InterContinental Prague）。在顶层的某面窗背后，100年前，你的目光会与卡夫卡的目光相遇，如果他也正看着这座桥。

1907年6月，卡夫卡一家从采莱特纳街的"三国王屋"搬到了犹太区尼古拉斯大街36号（未来的巴黎街）一幢带电梯的新公寓。他们住在顶楼，看得见伏尔塔瓦河和鲁道夫音乐厅。那时，切赫桥还在建造之中。卡夫卡经常散步，穿过桥去河对岸的莱特纳公园。他把尼古拉斯大街称为"自杀的助跑大道"。

在这间公寓，1912年9月22日晚10点到23日凌晨6点，卡夫卡写完了《判决》。"由于一直坐着，脚都发僵了，几乎不能从写字台底下抽出来。当故事在我眼前展开着，当我在一片汪洋上前进着的时候，那是极度的紧张和欢乐。这个夜里我好几次把重心移到背脊上。一切居然都

可以表达,一切构想,连最陌生的构想都有一片大火等候着,等候着它们在火中消逝和再生。窗前的天色变蓝了,一辆车子经过。两个男人在桥上行走。两点钟我最后一次看表。当侍女第一次走过前厅时,我正写下最后一个句子。"卡夫卡那天的日记这样描述。卡夫卡曾对布洛德说,写作《判决》结尾时,有射精的感觉。

几个星期之后,他写下了《变形记》。在这个房间,他还完成了大部分的《美国》。

现在,公寓已不复存在。变成了此刻的酒店。

回家的人

约瑟夫城
Josefov

1912 年 9 月 22 日午夜

切赫桥 1905 年动工，1908 年完成，全长 169 米。《判决》主人公格奥尔格·本德曼就是从这座桥投水自尽的。

这时候，布拉格枪械色的云正在剥落，像一个痛苦的决定。

这时候，依旧看不见太阳，但伏尔塔瓦河起风了，到处是不平静的声音，是崭新而坚定的光。

这时候，到处是在黄昏之前回家的人。

"这时候，正好有一长串车辆从桥上驶过。"

这是小说的最后一个句子。

- 西班牙犹太教堂（卡夫卡塑像）（Spanelska Synagoga/Spanish Synagogue）

  Vězeňská 1
  地铁 A 线 Staroměstská 站

- 萨沃依咖啡馆（kavárna Savoy）旧址

  Vězeňská 9
  地铁 A 线 Staroměstská 站

- 詹姆斯·乔伊斯酒吧（The James Joyce Irish Pub）

  U obecního dvora 4
  地铁 A 线 Staroměstská 站

- 圣阿格涅斯女修道院（Klášter sv. Anežky/ The convent of Saint Agnes）

  U Milosrdných 17
  地铁 A 线 Staroměstská 站

新城
Nové Město / New Town

入侵

"身高1米82，体重61公斤，瘦削，年轻。"

1907年10月1日，卡夫卡走进这道大门，忠利保险公司，他的第一份工作。以上的描述来自他的入职体检卡。这家意大利公司始于1831年，至今仍在经营。卡夫卡是作为"临时工"被招收的，工资很少，月薪80克朗。他希望"有一天能坐上那些遥远的椅子"。

公司大楼在布拉格新城，在瓦茨拉夫广场。

1348年，查理四世缔造了布拉格新城，从东、南两边环绕老城，面积7.5平方公里，大约是老城的3倍。查理四世染指整个建设，包括道路的布局、教堂的位置。这套系统直到20世纪依然有效。

建造新城时，开辟了三个露天市场：牛市、马市、干草市。1848年，在诗人卡雷尔·波罗弗斯基提议下，将"马市广场"改名为"瓦茨拉夫广场"，以纪念布拉格的主保圣人。广场更像一条大道，长750米，宽60米，东南端为国家博物馆，西北端连着老城边界。德国诗人李利恩克龙将其命名为"世界最骄傲的大道"。

广场1号，克鲁纳宫，一座新艺术风格宫殿，曾经有一间咖啡馆，因美国发明家爱迪生曾来过，之后改名叫了"爱迪生"。

5号，新艺术风格建筑，现在是大使酒店，之前的名字是"金鹅"。卡夫卡把它写进了小说《美国》。

6号，巴塔（Bata）大厦，曾是著名的鞋厂，现在是百货公司。

10号，过去的布拉格咖啡馆（café Praha），始于1929年，曾出现在布洛德的小说中。

忠利保险公司在广场19号。建筑于1896年，新巴洛克风格，有庄严的柱式和雕像。在大楼四层的办公室里，卡夫卡的希望迅速破灭了。他把那段日子形容为"特别可怕的……办公时间从早8点直到晚7点，直到8点半……"几个月后，他开始寻找别的出路，试图逃离这份"为了面包"的工作。

这段时间，为了消解和弥补绝望的日常生活，卡夫卡投入到夜晚的种种欢娱。他看见自己"抛入一大群人中间"，看电影、歌剧、卡巴莱表演、泡音乐厅、逛酒吧、夜总会。当然，这样的夜少不了女人，女招待、风月女子。"昨天，我和一个妓女去了旅馆。与她的忧郁相比，她显得太老了。她只有愁怨——即使这并不出人意料——一个妓女并不能像一个情人那样被爱。由于她没有安慰我，我也没有安慰她。"

一战前的岁月，布拉格弥漫着闷热的、淫荡的、颓废的气氛，同样的气氛被作家写进了或感伤或色情的小说之中。数百名流莺在街头等待她们的恩客，无数的暗娼满足着布拉格的饥渴。人所共知的情色场所和沙龙，如"苏哈""黄金国""伦敦"也被写进文学作品，其中最有名的一家，面向上层社会的"施密特沙龙"被弗朗茨·韦弗尔写入了中篇小说《服丧妓院》。

1908年7月，卡夫卡以健康为由辞职，走出了这道不苟言笑的门。

现在，大楼一层是商店，卖衣服和化妆品，楼上是写字楼。

走出这道门，相隔几步，广场25号，一幢美丽的新艺术风格建筑。就是始于1889年老牌的"欧罗巴酒店"，有90间客房和2间套房，其中一部分房间以路易十六风格装饰。

此时，欧罗巴咖啡馆门口有人正擦肩而过。作为酒店的一部分，这间咖啡馆有属于它自己的昏暗。无关季节、天气，无关深色的木头，水晶灯照亮的只是自己的过去。

大理石墙、椭圆形阳台、钢琴。电影《泰坦尼克号》中奢华的餐厅就以这间咖啡馆为蓝本。在《碟中谍》中，汤姆·克鲁斯也选择在这儿喝咖啡。

一杯土耳其咖啡，一个角落，一种20世纪初的气氛，窗外是陌生人流水般的注视。

沿咖啡馆的楼梯，向上一层，一道门后，就是酒店的镜厅。1912年12月4日，卡夫卡应邀在那里读了他写于3个月前的小说《判决》。那天，听众很少，更像是一场真正的私人活动。之后，评论家保罗·韦格勒立刻写了评论，说"一个伟大的、充满激情的、自律的天才来了！"

瓦茨拉夫广场的午后，像一卷铺展开的光明的布匹。穿行，影子像一把陌生的剪刀。

一辆有轨电车经过，一抹红色，一段铃声。草地与花。烟蒂与气球。人们或零落或菌集，或急促或无所事事，或面对着或背离着。陈设了82把漫不经心的长椅子，每一把都印着一句引言："旅行无关金钱，只关于勇气"；"永远面向生活的光明一面"；"永远不要低估人类的愚蠢"；"没有通往幸福的道路，道路本身就是幸福"。有一个无家可归者枕着王尔德的名字睡觉，这是他遮挡的句子："生活是极为罕见的事。绝大多数人只是存在，仅此而已。"广场末端，太阳直射圣瓦茨拉夫雕像，他的马和长剑。这座纪念物1902年伫立于此，雕塑家米斯尔·贝克称，这花掉了他30年时间。更为巍峨的背景，是风格类似于罗马万神殿的国家博物馆。建于1885到1890年，主建筑是在"马门"原址。

1968年，苏军武器使博物馆立面严重受损。强光下，砂岩石柱上不均匀的色块是被修补过的弹坑，一些雕像带着难以察觉的伤痕。

2001年导演艾尔伯特·休斯执导了恐怖电影《来自地狱》，改编自"割喉者杰克"的恐怖传说，破解了涉及英国上层的一个令人不寒而栗的阴谋。约翰尼·德普扮演探员艾伯林。有一个情节是，海瑟·格拉汉姆扮演的妓女玛丽在一处画廊里认出了画中的爱德华王子，谜团由此解开。而片中的画廊场景就在这座博物馆。

咫尺外，博物馆东边，一幢新文艺复兴风格建筑，就是国家歌剧院。正门雕像中的酒神狄俄尼索斯光辉灿烂。

起初，它叫"新德意志剧院"，安格勒·纽曼是第一任院长。1888年1月5日首演，剧目是瓦格纳的三幕歌剧《纽伦堡的名歌手》。此后，这里上演过一系列高水准的音乐剧。由于时局动荡和经济问题，1938年关门。二战期间，剧院成为纳粹政治据点。战后，1949年11月，剧院更名为斯美塔那剧院，上演歌剧、芭蕾舞。1989年天鹅绒革命之后，改名国家歌剧院。

卡夫卡常去新德意志剧院。在这儿，他看了剧作家亚瑟·史尼兹勒的《远地》，德国剧作家、诗人格哈特·霍普特曼的剧作《獭皮》，德国剧作家韦德金德担任主演的《大地之灵》。他还见到了著名演员马克斯·帕伦伯格和艾尔伯特·贝瑟曼，后者出演过电影《红菱艳》和希区

柯克的《海外特派员》。

米兰·昆德拉在《笑忘书》中写道:"在布拉格的瓦茨拉夫广场,有一个家伙在呕吐。另一个家伙来到他面前,忧心地看着他,摇着头说:您不知道我多么理解您……"

这个广场是新城商业、文化中心,也是诸多历史事件的发生地,是示威、庆典、公共集会的地点,是镜子,是证人。

1918年10月28日,阿洛依斯·伊拉塞克在圣瓦茨拉夫雕像前宣布捷克斯洛伐克独立。

1939年,希特勒的坦克开进广场,布拉格成为第三帝国的第四城。

1945年5月5日,布拉格起义在这儿打响,国家博物馆附近几座建筑被毁。

美丽的都城,当你的披风/被吹开,展现你的紫色风华/我是这般爱你,虽只能用言语/远不及那些手持武器的人说得多/是的,因此我们眼泪很多/落下时弄咸了我们的面包/亡者的声音在我们泪中回响/亡者呼喊的声音/他们躺在我们的街道上/我羞愧那天没和他们在一起/英勇的美丽都城/那天,你的美丽更为荣光。

这是塞弗尔特的诗《布拉格》,那天是1968年8月21日。那天早晨,苏联坦克开进了布拉格。

摄影师约瑟夫·寇德卡著名的影集《入侵1968》是"布拉格之春"最好的证言。其中有许多照片就拍摄于这个广场。比如:苏军坦克炮管和抗议的人们,比如一个青年在派发染血的《自由言论报》。最著名的一张照片是:寇德卡伸出左臂,一块钢质手表,时针指向入侵发生的时

入侵 新城
Nové Město / New Town

布拉格的屋顶

辰，指向背景中空荡的瓦茨拉夫广场，有轨电车交错的线，坦克履带野蛮的黑色印记。拍摄点在广场西北端的楼上。

《生命中不能承受之轻》有一个情节：1968年8月21日早上，特丽莎和托马斯大吵一架，带着狗离家出走，却被出现在布拉格街头的苏军所震惊。特丽莎回到家里，取出相机和胶卷，开始拍照。

捷克的摄影专家与摄影记者们都真正认识到，只有他们是最好完成这一工作的人了：为久远的未来保存暴力的嘴脸。连续几天了，特丽莎在形势有所缓解的大街上转，摄下侵略军的士兵和军官。侵略者们不

知道怎么办。他们用心地听取过上司的指示,怎么对付向他们开火和扔石头的情况,却没有接到过怎样对待这些摄影镜头的命令。

她拍了一卷又一卷,把大约一半还没冲洗的胶卷送给那些外国新闻记者。她的很多照片都登上了西方报纸:示威的拳头;毁坏的房屋;血染的红白蓝三色捷克国旗;少女们穿着短得难以置信的裙子,任意与马路上的行人接吻,来挑逗面前那些可怜的性饥渴的入侵士兵。正如我所说的,入侵并不仅仅是一场悲剧,还是一种仇恨的狂欢,充满着奇怪的欢欣痛快。

特丽莎的行动就是寇德卡的行动。

入侵之前两天,寇德卡刚从罗马尼亚拍摄吉卜赛人回来。8月21日,寇德卡处于风暴中心,他冒着生命危险上街,连续7天,拍下了5000张照片,记录了布拉格街头无数的动人场面。

"有许多次被阻拦,但我拍得更快。有人说,我很勇敢。事实上,我只是没有去想会有什么后果,我当时有些失控,不知道自己在做什么。我通常不相信奇迹,但奇迹的确会发生。在这次占领发生之前,我从不相信布拉格的市民会有什么变化,但没有想到市民的反应会这么大。这件事之后,我再也没有经历过当时那样的拍摄状态。可以这么说,在苏军占领布拉格的10天里,我经历了平时可能需要一生才能够经历的许多事情,包括爱上他人和差点儿被打死。"

电影《布拉格之恋》中,特丽莎用的是一台东德产百佳(PRACTICA)单反相机。这款相机从1970年12月开始生产,1975年11月停产。也就是说,1968年的特丽莎是不可能用这款相机拍照的。寇德卡用的是一台德国造的爱克山泰(Exakta)单反相机。

寇德卡冲洗出来的照片，只有少数人看到了，包括哈维尔。当时，阿瑟·米勒邀请他去美国，哈维尔本想趁机将照片带出去。不过，他随即被限制离境。之后，一部分底片被一位美国摄影师带回了纽约，交给了玛格南图片社的摄影师艾略特·厄韦特。之后，照片被发往全世界。1969年，"入侵"的黑白影像出现在许多国家的重要杂志上，作为布拉格之春一周年的纪念。没有署名。1969年，罗伯特·卡帕金奖被授予这些"充满非凡勇气"的照片和拍摄者——"无名捷克摄影师"。

对底片的命运，寇德卡一无所知。1969年，作为"门后剧院"的摄影师，寇德卡随剧院到伦敦演出。一天上午，同事们围在一起，传看一份《星期日泰晤士报》，上面登着那些布拉格的照片，署名"P.P"，"布拉格摄影师"（Prague Photographer）的缩写。

"看着我的照片被登出来，却又不能告诉任何人它们是我拍的，是一种非常奇怪的感受。"在伦敦期间，寇德卡与在纽约的厄韦特取得联系，并得到一笔玛格南的奖金前往西欧拍摄吉卜赛人。1970年5月，寇德卡离开了布拉格，签证期为8天。他去了法国南部、英国、苏格兰边境、爱尔兰。经过巴黎时，他去了玛格南总部。"他们告诉我，虽然照片没有署名，但当局要找出谁是拍摄者并不难。"寇德卡没有回布拉格。在伦敦，延长签证的要求被拒，他决定留在英国，成了非法居留者、没有身份的人、流浪者，正如他拍摄的吉卜赛人。

"有15年，我不为任何人工作。从不接受任务，从不为钱拍照。我拍照只为自己。我过着极简的生活。我不需要太多：一个好的睡袋和几件衣服，一双鞋、两双袜子和一条裤子可以穿一年。一件外套和两件衬衫应付三年。因为出版'布拉格1968'的照片，从玛格南得到的钱，对大多数人可以维持几个月，我设法度过了几年。此后，依靠从玛格南卖

照片的钱和一些奖金，我得以保持独立生活。"

"我没有公寓，也不需要。相反，我试图避免拥有任何东西。我不付房租。我最需要的是旅行和拍照。此外，我不想要人们称为'家'的东西。我没有意愿回到什么地方，我知道没有任何一个地方没有任何一种生活在等着我。我属于的地方就是那时所在的地方。如果那里已没有什么可拍的，就是我离开的时候。"

1970年到1979年，寇德卡主要在英国。从春天到秋天，游荡拍照，冬天睡在玛格南好友大卫·休恩的暗房，冲洗胶卷、做样片。1980年，寇德卡去了法国，布列松为他找了一个住处。巴黎玛格南的地址是寇德卡唯一的固定地址。经过了17年的流浪，1987年，寇德卡获得了法国国籍。

1988年，寇德卡的影集《流放》出版。标题是由主编罗伯特·德尔皮埃尔起的。

"我很幸运，一直能做自己想做的事。我从不曾为别人工作，这也许是个愚蠢的原则，但不能被人收买对我来说是很重要的。我拒绝别人的订单，即使是我自己原来就有意进行的计划。"

拍摄吉卜赛人的生活是寇德卡多年以来的主题。

"1962年，我在布拉迪斯拉发服兵役时遇到了吉卜赛诗人戴西德·邦加，那是我拍吉卜赛人的开始。"

"人们问我为什么拍，我真的不知道，也不想知道。我知道的是，我一旦开始就无法停下来。"

入侵　　　　　　　　　　　　　　　　　　　新城
　　　　　　　　　　　　　　　　　　　Nové Mesto / New Town

"如何才能接近吉卜赛人，我只知道一点，也许是音乐才使得我能够拍摄吉卜赛人。我会演奏吉他和小提琴，我喜欢民谣。吉卜赛人最善于阐释民谣。我并不是吉卜赛人，有时候，与他们生活在一起并非易事。我需要吃他们的食品，吉卜赛人什么都吃，有时吃动物。但我愿意这么做，我很高兴自己完成了这件事。"

"吉卜赛人的生活也是戏剧，不过是没有剧本和导演，只有演员。"

"我一直跟我拍的那些吉卜赛人的照片一起生活。如果你一直跟一样东西生活在一起，一直看着它，结果不是看腻了，就可以确定对它满意。对我来说，好照片就是我可以跟它一起生活的照片，就像跟某种音乐或某种人一起生活一样。"

"我不知道晚上会睡在哪里，只有放睡袋时才考虑这个问题。我要求自己能在任何地方入睡。"

"就连吉卜赛人都会可怜我，因为他们觉得我比他们还穷。晚上他们睡在帐篷里，我睡在天空下。"

1974年，寇德卡成为玛格南的正式成员。

1975年，他的影集《吉卜赛：旅途的尽头》由 Robet Delpire 出版社出版。这是他的第一部影集。

"当它出版的时候，手里拿着书的感觉很好，但我又觉得自己像个妓女。之前我只把这些照片给朋友和我选择的人看，但是现在任何人花钱就可以拥有它们。"

同年，纽约现代艺术博物馆摄影部主任约翰·萨考斯基为寇德卡举办了首次个展。

评论家沙伦纳夫这么说："寇德卡的离群独居令人想起卢梭——

095

个热爱人类但厌恶与人交往的人；充满着对不可能重返的黄金时代的向往。这位来自远方的清教徒有着先知般的名字，留着一把先知的胡子。"

"你可以摧毁花朵，但你不能阻挡春天。"

1989年11月17日，天鹅绒革命从阿尔贝托夫街开始。那条街至今钉着一块纪念牌子："何时——如果不是此时？/是谁——如果不是我们？"

大量布拉格民众涌入瓦茨拉夫广场。哈维尔和杜布切克也站在广场36号麦兰垂克宫的阳台上向人群发表演说。

1990年，寇德卡在逃离捷克斯洛伐克之后第一次回到了故乡，并且在"黑三角"——欧洲被破坏得最厉害的一个山区——拍摄了一系列的照片。这些摄影作品被展出并且集合成一本影集《黑三角》。

为了避免迫害，直到寇德卡的父亲去世，玛格南刊发的"布拉格1968"的照片都是匿名的。1990年，这些照片第一次在捷克公开出版，距离那个春天已经20年了。

"在捷克斯洛克发生的事与我的生活直接相关。它是我的国家。我拍那些照片只为我自己，不为什么杂志。它们被发表是一个偶然。我不是记者。我从不拍所谓的'新闻'。不过是突然间，在我的生活中第一次面对了某种局面。我对它做出的反应。后来，有人告诉我我差点儿被打死，但当时我什么也没想。在布拉格发生的事在我的生命中只有一次。"

"我不会拍战争，我对暴力不感兴趣。"即使对于曾经入侵捷克的士兵，寇德卡也这样说，"奇怪的是，我并不恨这些士兵。他们和我一样年轻。我知道这不是他们的责任。可悲的是，我和他们都生活在一个同样的体制之中。在他们身上发生的故事同样也会在我身上发生。……其实我们没人是自由的。"

"我的照片是事实的证据。我去俄罗斯的时候，有时会遇到老兵。他们说：'我们是去解放你们的。'我说：'听着，我认为绝非如此。我看到人们被杀。'他们说：'不，我们从未开枪，不，不。'于是，我就能把我的1968年布拉格的照片给他们看，说：'这些是我的照片，我就在那儿。'之后，他们不得不相信我。"

1968年的被"入侵"不是布拉格的第一次。

爱尔兰小说家约翰·班维尔在《布拉格：幽暗城市》中写道，如果熟悉布拉格反复沦陷的历史，就会明白"布拉格之春"真算不上这座城市的伟大时刻，它的重要性远远不及1600年，开普勒和鲁道夫二世的御用数学家第谷·布拉赫的握手，前者从后者手中得到了一批宝贵的研究资料，象征着天文学史上的一次权力移交。

"对布拉格的精神和面貌最具影响力的不是自由，而是不自由，是生活的奴役，许多耻辱的失败和野蛮的军事占领。"伊凡·克里玛在《布拉格精神》中说，"布拉格经常被包围和占领，然而——也许是因为如此——这个城市更宁愿谈判，甚至投降，而不是反抗。这种政策（经常受到批评）使它得以幸存，尽管不是没有付出代价。"

他还说："这种失败持久地影响了这个城市的精神，除了几个短暂的时期外，失败、丧失自由、被外国统治者所征服便没有消失过。经常是在短促的成功之后，代之而起的是新的失败和新的沦丧。但这正是这个城市的神秘性，它甚至能够从这种不祥的命运中引出某种积极的东西。"

必须不屑于强权,必须继续生活。

卡夫卡在 1914 年 8 月 2 日的日记中写道:"德国向俄国宣战——下午游泳。"

现在,广场周围是林立的酒店、写字楼、服饰店、餐馆、钱币兑换处、酒吧、赌场、脱衣舞厅。深夜时,这里还是妓女拉客的地方。

在广场边的小吃摊,从一个粗壮的捷克女人手里接过热红酒,喝完。游荡。一切都活色生香,一切都是人们要的幸福。

走进西北端的商场,慢慢向上。

窗外是珍贵的晴天和笔直的大道。

走到高处,走到这里,1968 年 8 月,寇德卡曾经站在这里,从取镜框中看着瓦茨拉夫广场,之后,攥紧了他的左手。

路人

入侵　　　　　　　　　新城
　　　　　　　　　Nové Město / New Town

酒吧的霓虹灯箱

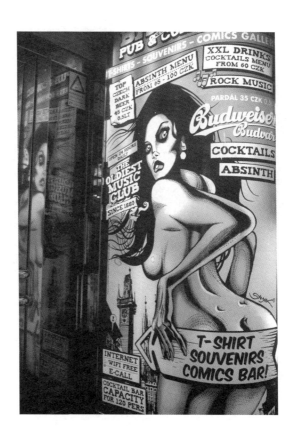

👉 **瓦茨拉夫广场**（**Václavské náměstí/Wenceslas Square**）
地铁 A、B 线 Můstek 站

👉 **欧洲酒店**（**Hotel Evropa**）
Václavské náměstí 25

👉 **国家博物馆**（**Národní muzeum/ National Museum**）
Václavské náměstí 68

👉 **国家歌剧院**（**Státní Opera/State Opera**）
Wilsonova 4
地铁 A、C 线 Muzeum 站

099

捷克式苦艾

　　石头、黑铁、玻璃、三角、斜线、晶体。面前是世界唯一的立体主义灯柱，犹如从毕加索画中掉落的局部。

　　这个小东西由建筑师艾米尔·克拉里切克设计，1915年，立在这儿，这块空地——被有故事的老房子围着，也小得像叹息。灯柱背后是大雪圣母教堂哥特式的门口和高处漫长的玫瑰窗。

　　一个布拉格的迷人细节。

　　这是荣格曼诺瓦广场，广场的名字是为了纪念捷克诗人约瑟夫·荣格曼，广场中心是他高高的雕像。

　　西边街角，一座巨大建筑，附着夺目的青铜像。阿德里亚宫，20世纪20年代的仿威尼斯式宫殿，本是阿德里亚蒂保险公司的产业，100年里，随年代、故事，变换着角色：咖啡馆、干货店、电影俱乐部、1989年的公民论坛。1965年到1972年，这里的主角属于"门后剧院"。

　　1965年11月，捷克戏剧导演奥托玛·克雷查带领一班人马在阿德里亚宫创立了"门后剧院"，上演契诃夫、缪塞、内斯特罗伊的作品，也演莎剧《罗密欧与朱丽叶》。

捷克式苦艾 新城 Nové Město/New Town

立体主义灯柱

重要的是，克雷查请来寇德卡拍摄剧照。

那时，寇德卡还是一名航空工程师。在工作之余为《剧院》月刊拍摄剧照，穿行在不同的剧院之间。他回忆说："我们一起商量了工作条件。其中三条对我非常重要：一、在排练期间我要在场。二、拍摄至少三次带妆彩排。三、拍照时可以自由在舞台上穿行于演员之中。我要像在剧场外拍摄真实生活那样拍摄舞台演出。我知道我要求得太多。没有导演和演员喜欢这种介入，但是克雷查接受了我的条件。"多年后，寇德卡曾问过克雷查为什么会接受这么苛刻的条件，克雷查笑着说："如果你想把演员的一只耳朵装进盒子，我也会答应。"

剧院经验直接影响着寇德卡未来的拍摄方式。无论是《入侵》《流放》还是《吉卜赛》,他的照片中始终弥漫着一种戏剧的表达。人如演员,风景如场景,器物如道具。

当时他使用的是一部中画幅禄莱相机(Rolleiflex)。

20世纪70年代,剧院关门。天鹅绒革命后重新开门。

20年后,寇德卡回到布拉格,回到门后剧院,见到了克雷查。他们一起策划了一次摄影展。克雷查在导言中说:"似乎他并不是在为我们的演出拍照,而是我们在按他照片演出。"在开幕式上,一个以前的演员对寇德卡说:"你拍的不是戏剧,是戏剧的灵魂。"

1994年,"门后"永久性关门了。

现在,这里仍然有一间小剧院,叫"不设栏杆"(Divadlo Bez Zábradlí),上演各种风格的现代戏剧。

穿行阿德里亚宫,一条热闹长廊,一个明亮尽头,走到底,推开门,就是民族大街。

大街连接"军团桥"(Most Legií)和尤曼诺沃广场,是布拉格的一条主街,也是老城与新城的分界线,位于市中心西南侧。中世纪时,是城墙。

民族大街曾经很安静,是一个悠闲的地方。诗人扬·聂鲁达经常在这里散步。

那是过去。

迎面而来的是铺张的店铺、人群,不同时代的建筑,生硬混搭的岁月,玻璃幕墙映着巴洛克的柱式和美好又百无一用的雕像,哥特式门口挂着令人气馁的美式快餐招牌。来自鞋子的声音、鲜花摊的香气,五味杂陈,泥沙俱下。

直到,一辆红色有轨电车从容的行止,为这条大街带来了莫名的命运感。

直到,罗浮咖啡馆的红字,挂在半空。

罗浮咖啡馆

咖啡馆始于1902年，名字取自罗浮宫。从那年起，一个德国哲学圈子在罗浮聚集，他们自称是弗朗兹·布伦塔诺的信徒（"布伦塔诺圈子"）。他们讨论布伦塔诺的著作和观点。除一众学者教授外，还有三个查理大学法律专业的学生：弗朗茨·卡夫卡以及他的两个好友费利克斯·韦尔斯特、马克斯·布洛德。1905年秋天，布洛德因发表对布伦塔诺不敬的言论被驱逐出这个圈子，卡夫卡随后也走了。他们并没有离开罗浮，而是租了另一个房间。他们在通信中提及，在这儿他们曾有着"愉悦而松弛的时光"。

不能登堂入室，要先进一道小门，上楼，罗浮的店堂更像一段走廊，狭窄，带着桃花极盛时的颜色。墙上的空白填补着作家们的照片。一长列橘色吊灯仿佛巨大沉重的果实，通往尽头的镜子。左边是大窗和光，右边是连续的拱门，连着一个黯淡的空间，一个更私密的弹子房，深处有撞击的声响和沉没的安静。侍者像匆忙的针线缝补着气氛，喝咖啡的人走向天光或走向灯火。

点一杯加太阳的黑咖啡。

1911到1912年，爱因斯坦在查理大学任教。在星期二的晚上，他经常会去罗浮咖啡馆。

1913年，德国作家奥托·匹克和弗朗茨·韦弗尔也走进了这家咖啡馆。

1925年2月15日，38个作家来到罗浮，成立"捷克斯洛伐克中心笔会"，卡雷尔·恰佩克当选第一任主席。咖啡馆还是作家的办公室，他们使用的信纸，许多都印有"罗浮"字样。

捷克早期电影明星爱德华·佛扬有自己钟爱的桌子。上流社会的女人也光顾罗浮,并逐渐把它变成了妇女解放运动的堡垒。

1948年,咖啡馆在政变中被毁,所有的陈设被扔出窗外,散落在民族大街。直到1992年,罗浮在被毁原址彻底重建。

咖啡馆有一个出色的报架,铜制,环状。一个满身寒意的男人走进来,在报与报之间翻找,打乱了印在纸上的人,打乱了他们保持着的适当距离、立场。

作为一种布拉格的特权,那些吸烟的人,带着被娇惯的神情,交谈、读书,或独自沉溺在某种情感中。要么无法看清我,要么和我融为一体。

就像,这个空间蒙着一层淡淡的灵魂。

杯子里越来越少的咖啡,越来越多的太阳。

卡夫卡在给朋友的信中这样描述咖啡馆的好处:"人们你看我,我看你,互相交谈,互相端详,彼此并不相识。这是一个每人都可以按照自己的口味品尝的宴席,任何人都不会不自在。你可以在那里露面,之后销声匿迹,不必向主人辞行;而每次人们都是愉快地接待你,绝不掺杂半点儿虚伪。"

不辞而别。

同一幢建筑,罗浮隔壁就是布拉格最有名的爵士俱乐部雷杜塔(Reduta),始于1957年,名字是古希腊地名,那里是音乐和欢娱的中心。

起初,雷杜塔是酒吧,是一个小的实验戏剧舞台,也是现代的文艺卡巴莱,演出无论是表演还是吟唱都充满文学意味和诉求。1958年,一

群爵士乐迷改变了它的属性。许多时候,既定的演出变成了即兴爵士表演。一时间,雷杜塔越来越有名。捷克最好的爵士乐手也以此为据点。几年后,雷杜塔开始进行双舞台同时演出,一边是爵士乐,一边是戏剧。在20世纪60和70年代,雷杜塔一边周旋于政坛,一边试图保持自我,是布拉格一块松动的地带。1980年代的到来,雷杜塔的爵士乐成了某种自由和异己意志的表达。前卫艺术家和不同政见者群聚于此,80年代末,这里也是天鹅绒革命的一个中心。

多年来,一大批国际知名的艺术家前来雷杜塔演出。温顿·马沙利斯、克里斯·比伯、高濑纪亚、阿尔伯特·曼格斯多夫。1994年,克林顿在雷杜塔还即兴表演了萨克斯。

一长串大客人中还有电影演员马克斯·冯·西多、作家约瑟夫·史克沃莱茨基。

现在,雷杜塔的演出多元混杂,但理念依然是营造一个充满"幽默睿智、永恒音乐、知识分子式欢娱"的地方。

此刻,门口无人无灯。天还没有黑,雷杜塔还没有醒来。

走。公寓、商场、巧克力店、黑光剧院、银行、赌场、敞开的泰式按摩房装饰着大朵莲花。几乎没有树。寂静的雕像,站在毫无遮挡的屋顶,站在拱门之上,站在窗边,站在墙壁的凹陷之中,慢慢转动的影子指着在这条街流逝的东西。房子都像洗旧的衣裳,粉色、米色。无关紧要的雕刻也像昨天婚宴蛋糕上生锈的奶油花。突然的青铜塔尖、十字、基督、涂鸦。一个嵌在门框边抽烟的人,一个奔跑着追赶电车的人。铁轨上的光带着长日将尽时的温柔。

如果已有伏尔塔瓦河的味道,一定可以看见这座现代建筑,像庞大的玻璃盒子。这是一家剧院，叫"神奇灯笼"。

　　1958 年，布鲁塞尔世博会上，捷克导演阿尔弗莱德·哈多推出了一场秀——"神奇灯笼"。演出结合了舞蹈、电影、黑箱剧的元素，被称为"新媒体秀"。由于演出基本以默剧形式进行，突破了语言障碍，从而获得了某种国际性。当时，为哈多做助理的就是后来的大导演米洛什·福曼。

　　回到布拉格之后，"神奇灯笼"成为一处实验剧院。埃德尔瓦·朔尔姆、艾尔玛·克洛斯、伊利·特尔恩卡、伊利·瑟耐克、史云梅耶、朱拉·亚库比斯克都参与过神奇灯笼的创作。在 60 年间，剧院推出了 30 多出大型实验演出。

　　剧院也演黑光剧，其中有史云梅耶参与编剧导演的"神奇马戏团"(Wonderful Circus)。这部剧 1977 年首次公演，已经演出 6300 多场。

　　"灯笼"旁边，没有任何间隔，伫立着一幢古老宫殿，就是"国家剧院"。

　　剧院于 1868 年 5 月 16 日奠基，资金全部由捷克国民募集而来，1877 年建筑完成。内部装饰既有经典的新文艺复兴风格，也融入了斯拉夫神话的元素。

　　1881 年 6 月 11 日，茜茜公主的独子、奥匈帝国王子鲁道夫出席了国家剧院的开幕演出。当晚，斯美塔那的三幕歌剧《里布舍》全球首演。该剧由斯美塔那于 1872 年创作，一直没有推出就是等着这一天做开幕大戏，此间他已经失聪。

　　那天，被邀请人的名单上却漏掉了斯美塔那的名字。费了一番周折，作曲家才得以进入剧院。他既听不到歌剧演唱也听不到王子的祝

词。事实上,鲁道夫在第二幕时就离开了。

此后,剧院又有过11次演出。1881年8月,一场大火,烧掉了剧院的穹顶、礼堂和舞台。剧院不得不再次集资,并在47天内募集了一百万莱茵盾。1883年11月18日,剧院再次开张。此后100年,一直没有更动过。

这里也是卡夫卡常常看戏的地方。

1977年,国家剧院重新修缮,1983年11月18日,建院100年纪念日,再次上演了斯美塔那的《里布舍》。现在,这里上演歌剧、芭蕾、话剧。

剧院在伏尔塔瓦河边,民族大街2号,对面的1号是1863年建筑的拉扬斯基宫,在这里,斯美塔那写出了《被出卖的新嫁娘》。在这里有一家大咖啡馆——斯拉维耶。

斯拉维耶咖啡馆

"没有人仅仅是为了喝咖啡而来咖啡馆的。"这是诗人塞弗尔特的话,他还说:"布拉格的咖啡馆啊!今天这里残存的已无法与两次大战之间的咖啡馆相提并论了。那年头的咖啡馆各有自己的特点。学生上最清静的咖啡馆去学习,爱看报纸的人在那里可以看到全欧洲所有能订到的报纸。一些外国报纸出版当天就到了。高级咖啡馆在市中心,半上流社会的妇女也是那里的常客。在这类咖啡馆,领班们每天刮脸两次,当时在我看来这几乎是难以置信的事情。此外当然有艺术家光顾的咖啡馆。去斯拉维耶咖啡馆的主要是演员。我们想独自待一会儿的时候也去。"

金色的门口,艺术装饰风格,漫长的店堂,桑纳椅、黑木桌子、绿色大理石墙面、巨大的白色钟表、精心陈设的镜子和深陷其中的幻象。围绕着的有意无意的1920年代的光荣。客人间保持着恰如其分的态度,会饮、低语。在一个耀眼的位置,钢琴师旁若无人地弹奏莱奥什·雅纳切克的曲子,《自街上来》。

斯拉维耶是布拉格最古老的咖啡馆之一,1884年8月开张,位于民族大街与斯美塔那堤岸的转角,边上是伏尔塔瓦河,对面是国家剧院,远处看得到城堡和查理大桥。从同一面窗子,可以看到1868年5月16日国家大剧院垒下第一块基石,1937年9月21日托马斯·马萨里克的葬礼和1989年11月17日天鹅绒革命中游行的学生。

咖啡馆是与国家剧院共生的。开张后迅速成为文艺据点。卡夫卡把它写进日记;里尔克经常来喝一杯夜晚的咖啡,并在这里写他的《布拉格故事集》。大客人还有作曲家斯美塔那、德沃夏克,作家维杰斯拉夫·奈兹伐、恰佩克、阿尔诺什特·卢斯蒂格,演员伊日·克兰波,画

家扬·兹勒扎维,诗人伊日·格罗斯曼。

这是知识分子咖啡馆,也是持不同政见者的阵地。最著名的是瓦茨拉夫·哈维尔和诗人伊日·库拉什。1950年代,哈维尔和他的文学圈子"36人"(他们均出生于1936年)开始在斯拉维耶聚集。

1920年10月,诗人雅罗斯拉夫·塞弗尔特发起成立了前卫组织"旋覆花社",作家、艺术家、知识分子聚集在几间布拉格的咖啡馆,其中两家最有名,一家是已关门的民族咖啡馆,另一家就是斯拉维耶。

"我们的咖啡馆当年可并不沉闷。恰恰相反。笑语声、脚步声、靠背椅和扶手椅的拖动声、杯盘的叮当声汇成一片,嗡嗡嘤嘤。不,在那

窗边喝咖啡的人

里寂静是没有的，除非在上午。……在咖啡馆我们讨论问题，制订计划，热烈争论，我从不曾有浪费时间的印象。在那里，几乎全部文艺杂志和昂贵的外国画报都能看到。色情的《巴黎人生活》在人们手里传来传去，过不了几天就像激战后的旗帜一样破烂了。"

一曲终了。夜幕降临。

咖啡馆墙上是客人们的照片，在一处转角挂着画家维克多·奥利瓦1901年的作品《喝苦艾酒的人》。在画中，在咖啡馆的角落，这个孤单的艺术家已经意乱情迷。桌子上是摊开的报纸、一顶礼帽、半杯苦艾酒。他双手努力撑着面颊，目光注视着虚空中的女人，她就坐在桌边，绿色、透明、赤裸、欲言又止，像一个于事无补的安慰。远处的侍者惊奇地看着这一幕。

奥利瓦1862年生于捷克新斯特拉切齐，先后在布拉格和慕尼黑学画。1888年前往蒙马特，成为画家圈中"波希米亚的巴黎人"。在那儿，他爱上了苦艾酒。1897年，奥利瓦回到布拉格生活，斯拉维耶也成为他的咖啡馆。这里曾挂过他的若干画作，现在的这一幅也是他的代表作，不过是复制品。

当然，热爱这种绿色液体的不止他一个。19世纪末，苦艾酒开始浸染布拉格的文艺圈，捷克人也开始酿造。捷克式苦艾所用草药和配比与传统苦艾有所不同，也不会浊化。

塞弗尔特1967年诗集《哈雷彗星》中，写过一首诗叫《斯拉维耶咖啡馆》：

"以诗人的荣誉／我们习惯喝苦艾酒，它比一切绿色还要绿……"

坐着,找一个与画中类似的角落。

侍者点燃的这一杯叫"图鲁兹·劳特累克",68度。

1982年,塞弗尔特出版了晚年的回忆录《世界美如斯》。其中有一篇叫《在斯拉维耶咖啡馆窗畔》,他再次提及苦艾:"在那里,我们坐在临滨河大道的那扇窗户旁边,喝苦艾酒。"

1984年,塞弗尔特成为诺贝尔文学奖得主。颁奖词这样说:"塞弗尔特的诗提供了一种自由和解放的形象。我们在其中看到了人类的多面性和大无畏的精神。在暴政和疏离的现实里,他召唤出另一个世界——一个存在于此时此地的世界,一个存在于我们梦境、意志和艺术当中的世界。"

1986年,诗人去世。

"在记忆的岔路 / 你会听到一些 / 时间试图抹掉的姓名。"

1992年,斯拉维耶曾一度由于地产纠纷关闭,后来,在哈维尔等人的干预下,1997年重新开张。

酒喝下去的时候,生成的不是味道,而是画面,直穿肺腑。

出门,外衣上都是夜色。

正是时候,回雷杜塔听爵士。

场子很小,昏暗、蜡烛、酒、坐了一大半的客人。乐手的出现是没有征兆的,他们穿得比所有人都随便,像刚刚卸完最后一卡车货物,或者在后厨洗完最后一只碗,在街上送完最后一封信,像路人甲、乙。他

捷克式苦艾　　　　　　　新城
　　　　　　　　　　　　Nové Město/New Town

擦肩而过的人

们径直走上逼仄的舞台，整理电线和乐器。主乐手是带着啤酒来的，喝了两口，把杯子放在地上，没有征兆地开始吹萨克斯。

今晚的主题是"向迈克尔·杰克逊致敬"。曲子有"杰克逊五人组"时的，也有《比利金》，爵士版的，也混着他们自己的作品。

一曲一曲。

人们谈论梦想的时候更多谈论的是欲望。后者是向世界提要求，前者是向自己提要求，这是非常不同的。梦想不是一个遥远的地点，它是女人的水、男人的粮食，是呼吸，是每一步的方向，是让每一天幸免于难的东西。

雷杜塔爵士俱乐部

    台上的乐手都不再年轻，他们的鼓、小号、长笛、大提琴、贝斯都不再年轻。曲子都很好听，同时充满了狂热与厌倦，没有压迫感。

    主乐手不情愿地说着一些串场词，听众也给了应有的掌声。他喝了很多酒，吹了许多曲子，到后来，话语间竟忘了演出是向谁致敬。

    最后一曲精确地结束在午夜之前。散场时，他又换了一杯新酒。

    一起出门的人是在一瞬间消失的，没有征兆。

    这个街头，有划火柴的声音和大街融化的味道，有河水粉碎在堤岸的声音和昨天的味道，有风吹过哥特屋檐的声音与雕像衣褶灰尘和雨的味道，有铁轨慢慢战栗的声音和车灯清贫赤裸的味道。

走向电车纷纭的线路和它们绑缚的深蓝色，走向切开了的天空，走向在夜的碎片中明灭的万家灯火。

走向深深的台阶。

5 分钟后，将是布拉格的最后一班地铁。

＊ **罗浮咖啡馆（Café Louvre）**
　　Národní 22
　　地铁 B 线 Národní třida 站

＊ **雷杜塔爵士俱乐部（Jazz Club Reduta）**
　　Národní 20
　　地铁 B 线 Národní třida 站

＊ **神奇灯笼剧院（Lateran Magika）**
　　Národní 4
　　地铁 B 线 Národní třida 站

＊ **国家剧院（Národní Divadle/National Theater）**
　　Národní 2
　　地铁 B 线 Národní třida 站

＊ **斯拉维耶咖啡馆（Kavarna Slavia /Café Slavia）**
　　Smetanovo nábřeží 2
　　地铁 B 线 Národní třida 站

战后六点见

在黑暗之中，在陌生人之中，在一段封闭的时间之中。

在卢塞恩电影院看电影，在故事之中，在捷克语稠密的辅音之中。

20世纪初，最早的"活动影像"出现在布拉格的酒店、咖啡馆、百货公司。1907年10月，第一家电影院在东方咖啡馆的院子里开张。几个月后，卡夫卡就去看了电影，片子是《口渴的宪兵》《英勇的卫士》。1908年，更多地方开始放映电影，不过只能算"电影房子"（BIO），多在酒吧食肆。最有名的一处在老城伊尔茨卡街的乌凡夫杜（U Vejvodu），现在那里依然是一家捷克传统菜馆。之后，更优雅的电影院出现了，在卡夫卡办公室楼下，有一间埃利特电影院（Grand theatre BIO Elite）。他在那儿看了《白奴》《独在最后》《被告席的灾难》。卡夫卡在日记中写："去了电影院。哭了。"

卢塞恩电影院在瓦茨拉夫广场边上，是卢塞恩宫的一部分。卢塞恩宫由哈维尔家族在20世纪初建造，1909年开张，是多种功能的文化娱乐场所。"卢塞恩"（Lucerna）捷克语意为"灯笼"。它的"庞大的建筑迅速成为贪图享乐的布拉格最流行的夜场之一"。经历一百年的风雨，无论战争、被占领还是面临各种威胁，卢塞恩从未关门。它是捷克最早放有声电影的地方，也是欧洲持续营业时间最长的电影院。现在，它依然是布拉格最有名的电影院，上演捷克电影、好莱坞电影、独立电影、经典电影、外语电影，也举办各种电影节和首映式。

卡夫卡和布洛德经常来卢塞恩看电影、消遣。他在这儿看到了悲剧演员梅拉·马尔斯，卡巴莱艺术家弗里茨·格若伯姆，歌手露西·柯尼西。

"如果一切都循规蹈矩，那生活还有什么意思。"

正在演的电影叫《有希望的男人》。男主角认为，不忠和不断背叛是婚姻

卢塞恩电影院

幸福的基础，他努力在生活中践行这一信条。所以，这是喜剧。导演伊利·维捷德雷克，之前拍过《空虚》和《受到诱惑的女人》。

故事荒谬又令人兴奋。也少不了情色。

可，电影总有个完。

站在突然的散场灯下，男人们并不甘心，他们回味着伊娃·伊雷柯索娃用小内衣系头发的桥段，还期待着什么。

这个地方更像一间剧院，像一个金碧辉煌的首饰盒，那块刚刚熄灭的银幕就是宝石。

影院门外，长廊半空，穹顶之下，倒吊着一匹死马，骑在马肚子上的威严骑士正是圣瓦茨拉夫。雕像也是大卫·切尔尼的作品，一个捷克式的玩笑。

看电影的人四面八方地离去，消失在这座宫殿更坚硬和生动的现实生活中。

"死马"另一侧，另一个有故事的地方——卢塞恩音乐酒吧。

作为宫中的老秀场，酒吧的规模类似华盛顿的9：30俱乐部，克里夫兰的市场剧院舞厅或是费城的特罗卡德罗剧院，但登台的音乐家更为国际化。1964年"第一届布拉格国际爵士音乐节"在此举行，转年，路易·阿姆斯特朗来此演出。

演出在晚上。此时，只有几个索然的酒客，只有空旷的灯光和等待。

与酒吧有瓜葛的是"宇宙塑料人"（Plastic People of the Universe）——捷克历史上最有名的摇滚乐队。1968年8月，苏联坦克开进布拉格，一个月后，四个布拉格青年成立了乐队。贝斯手米兰·哈拉瓦萨是灵魂人物。乐队受到纽约"地下丝绒"和弗兰克·扎帕的影响。乐队名字就来自扎帕的歌《塑料人》。他们也翻唱"大门"和"牛心上尉"的歌。这支乐队迅速成为布拉格最迷人的实验摇滚乐队。

1968年春天,哈维尔访问纽约,接触到摇滚乐,将一张《地下丝绒》的唱片和海报带回布拉格。"天鹅绒革命"(Velvet Revolution),许多捷克人相信,以此为名不仅是因为它的非暴力属性,也与哈维尔对"地下丝绒"(Velvet Underground)乐队的喜爱有关。这是后话。

听了"宇宙塑料人"的演唱后,哈维尔受到震动,他在多年后回忆那天的感觉:"这种音乐有一种震撼人心的、使人不安的魔力,这是一种使人警醒的、由内心深处发出的真诚的生命体验,任何人只要精神尚未完全麻木,就能理解……我突然领悟到,不管这些人的语言多么粗俗,头发多么长,但真理在他们这边。"

不过,乐队从未想扮演政治角色,他们宣称只想做自己的音乐。然而,铁幕之下,无论愿意与否,他们必须卷入政治。20世纪70年代,政府吊销了乐队的演出执照,从那时起,一场大规模的地下运动围绕"宇宙塑料人"展开了。主唱保罗·威尔逊是一个住在布拉格的加拿大人,后来翻译了哈维尔的许多作品。1972年,威尔逊被捕遣送回加拿大。四年后,一场对乐队成员的审判直接导致了人权运动"77宪章"。

此后,乐队继续演出,1988年时解散。

1997年,乐队在哈维尔的提议下重组。1998年,"宇宙塑料人"赴纽约演出,并且和卢·里德同台表演了"地下丝绒"的名曲《甜蜜的简》和《肮脏大道》。

2001年,乐队创立者、吉他手米兰·哈拉瓦萨死于肺癌,由乐队的前成员艾瓦托诺瓦接替。

几十年里,卢塞恩音乐酒吧一直都是乐队的重要演出地点,也是布拉格音乐家、艺术家、知识分子的领地。

哈维尔说:"我们坚持一件事情,并不是因为这样做了会有效果,而是坚信,这样做是对的。"

2011年12月18日,哈维尔去世,23日,一场致敬音乐会在这里举行。当晚10点30分,登台演唱的正是"宇宙塑料人"。

走入沃迪奇科瓦街的白光。一条老街,石头路面嵌着铁轨,电车线牵连着两侧冗长稠密的房子、店铺、现实生活。散碎在墙上的遥远的脂粉金银,窗子上若有若无的油脂,水果腐败的气味,人们身上杂乱汹涌的岁月。

36号,"诺瓦库宫"。1926到1938年,这里是布拉格最前卫的左派"自由剧院"。受达达主义和未来主义影响,上演阿波利奈尔、雅里、谷克多、布列东等人的作品。强调舞台灯光的运用,演员和观众之间的交流。在捷克斯洛伐克第一共和国时期,自由剧院扮演了重要角色,许多戏剧实验在这里进行,许多音乐流传至今。1938年,剧院由于战争和政治形势而关闭。

现在,这里是商场。有一间美好的甜品店叫"圣特罗佩"(Cukrárna Café Saint Tropez)。

向西南走,在拉扎斯卡街(Lazarská)右转,走到底,就会遇见一条街,名为"Spálená",直译是"烧毁"。这个丁字路口的交点就是"金锚酒馆",赫拉巴尔的另一个饮酒处。

门面并不出众,甚至有点儿丑,涂着失控的绿色,拱门之上,挂一柄旧船锚。这是一间与文艺无关的蓝领小馆儿,简朴,白墙钉着作家像、黑胶唱片。镜子对置，每面镜子里只映着另一面镜子。廊柱糊满了梦露的照片，表示一种明确的性渴望。高处的电视里放着甲壳虫的影像。一段楼梯通向更昏暗的地下室，裸露的砖墙，到处是人们留下的涂鸦，脸孔、甜言蜜语、脏话、日期。一只老点唱机蒙着灰，没有开着，却有歌声。

吧台后的男人擦着杯子，几个喝酒的人伏在一条线上，像几只老鸟，带着"巴比代尔"痕迹，也许是赫拉巴尔的暗示，也许本来就是。他们一定相识，不过，这一天的话都说完了，只是沉默，或者看一眼电视里老去的保罗·麦卡特尼。

要了油腻的猪膝，捷克饺子，一扎酒。

上菜时，老板聊了一会儿赫拉巴尔，就像他刚走。

金锚酒馆

金锚酒馆

出门,是迎面而来的大街,是分道扬镳的铁轨。这条叫"烧毁"的街,有不洁也有无望,也许是赫拉巴尔的暗示,也许本来就是。

"三十五年了,我置身在废纸堆中,这是我的 love story。"

走到路对面,走进《过于喧嚣的孤独》。街的 10 号,就是小说中的废品回收站。主人公汉嘉就是在这儿的地下室与苍蝇和鼠族终日缠斗。也用酒浇灌时间和心灵。

"我的啤酒已喝光,因此我磕磕绊绊爬上楼去,有一会儿我不得不一手扶着阶梯往上爬,过于喧嚣的孤独使我头晕目眩,直到进了背后的小巷我才挺直了腰,手里紧紧地攥着一升空啤酒桶。空气闪着光,我不由得眯缝起眼睛,每一道阳光仿佛都饱含着盐分。"

1955 年,赫拉巴尔在这个门口拍过一张照片,他非常年轻,穿工装,挽着袖子,正午时分,光影强烈。现在,这里是商务楼。照片中的相同位置,钉着他的小画像,写着此地的来历。大门边有一家宠物店,橱窗上画着作家热爱的猫。

一辆卡车经过,就像从书里开出来,就像每个箱子都包裹着同一张画:《早上好,高更先生》。

一个姑娘走过,就像从书里走出来的茨冈女孩儿,跟从她就像她跟从书里的男人。

"是的,那天我是从霍尔基饭馆出来,到了十字路口,我说好吧,再见啦,我得走了,可是她说,她也去我踏上的那个方向。我走完卢德米拉街,到了路口我说那就再见啦,我得回家了,可是她说她也去那个方向。于是我故意绕弯子,一直走到谢尔特伐,我伸出手对她说我得朝下面走了,可是她说她像我一样也去那个方向。我们又一起走到了下面

122

的永恒堤坝，我说我到家啦，咱们再见了，可她说她像我一样也去那个方向。我到了家门附近的煤气灯下，我说好吧，再见啦，我到家了，可她说，她也住在这里……我开了门，转身说那么再见吧，我已经到家了，可是她对我说，她也到家了……"

那是他们第一次相遇。后来，他们成了情人。后来，她死在了纳粹的集中营，他永远地失去了青春。

"天道不仁慈，但也许有什么东西比这天道更为可贵，那就是同情和爱，对此我已经忘记了，忘记了。"

女孩儿消失在舍曼索瓦街（Křemencova）。从她的公寓楼可以看见弗雷库酒馆门外那只巨大的钟表和失去她的时刻：3 点 57 分。

始于 1499 年，始于这条僻静小巷，弗雷库是一个家庭经营的酒馆，也是布拉格最老的酒馆。现在的名字从 1762 年使用，到 1999 年已有 500 年历史。酒馆由"老波希米亚厅""骑士厅"等 8 个大厅和一个花园构成，可招待 1200 位客人。

布拉格是一座克制的城，不展示伤口，也不见浮华，欢娱和放纵都在深处。

例如，弗雷库的门背后。

拥挤的厅堂，流水的桌子，繁星的灯，痛饮的人们。侍者举着巨大托盘，满满的黑啤酒，来回地检视，不能容忍桌子有空了的杯子。有大胡子的乐手，戴鸭舌帽，穿花格呢裤子，这里那里，站在烟雾中，抱着老手风琴，弹奏着泡沫般美好易碎的曲子。

沉没在一张桌子边上，试着放下天地人间。

布拉格时间
TIME IN PRAGUE

沿河水方向走,冬天还没有来,冬天在等。

突然有两滴冷雨。抬头看时,路口之上,楼群空隙中,吊着两个假人,一个男人,一个女人,拼命拽着红伞,慢慢转身。不远的楼顶,攀附着一只巨大的黑色苍蝇。没人真的明白,布拉格想说什么。

雨只下了两滴。

下一个路口,一本书的掉落带来了史托索瓦街(Pštrossova)的黄昏。

青年确定点着了那支烟,他捡起书,拍打着封皮上的夕阳和寒意,吐出一团烟雾。

街头艺术

在他走出的门口，1993 年，布拉格开了第一家英语书店。"环球咖啡书店"也像民居，没有招牌，只一行小字。这里卖新旧书、报纸、杂志。也有作家读书会、画展，也放电影。

快打烊了，墙上有闲情的画，角落里还有孩子坐在地上看书。咖啡区域，一个女人注视着电脑暗下去的屏幕和自己浮现的脸。

问卖书的人，查理广场还远吗？

"一点儿也不，"他在纸上画出路，指着方向，"只是，这个时候有风。"

相信他。

"伏尔塔瓦河上吹来一阵风，吹过了广场，我喜欢这风，我喜欢黄昏时分走在吉特纳大街上……"《过于喧嚣的孤独》中，汉嘉多次穿行这个广场。

此时，走在吉特纳大街上，穿行广场。也许是赫拉巴尔的暗示，也许本该如此。

1348 年，查理四世开辟了这个广场，是布拉格最大的。15 世纪起，它的名字是"牛市广场"，直到 1848 年，才叫"查理广场"。

"我站在阳光中喝着啤酒，望着查理广场上的人流。"这是赫拉巴尔笔下的幸福。而晚年的德沃夏克常会在清晨独自来到广场，静静地坐在树下看鸽子，喂鸽子。

广场南端，有一幢孤立的巴洛克房子，就是"浮士德屋"。

现实中，浮士德从未来过布拉格。而这座房子冒他的名字，只因几百年来神秘的传说和怪诞的主人。简单说，它是布拉格的"鬼屋"。这幢

14世纪的建筑，住过贵族炼金术士；住过因为在屋内发现财宝而骨肉相残的兄弟；住过经常做化学实验，把屋顶炸出洞的化学家。一位机械师制造了会飞的楼梯和带电的门把手。19世纪时，还有一任主人在墙上写满墓志，自己就住在木头棺材中。

1958年，史云梅耶的名字第一次出现在职员表上，就是在一部根据浮士德的故事改编的短片里。那时他负责操纵木偶。他坚持认为这个故事就是属于他的家乡布拉格。一直到1994年，他拍摄了自己的长篇电影《浮士德》。

现在那里是一间医院。

土耳其诗人希克梅特这样写《浮士德屋》："布拉格正在升起柠檬黄的月亮／我站在浮士德博士的旧居外／午夜时分，敲着紧闭的门。"

一切为时尚早。唯有游荡。

直到战场街（Na Bojišti），今天最后的酒。

乐声，手风琴、大号、波尔卡的欢快。在乌·卡里查灯火的门口，两个士兵打扮的中年人在演奏。

帅克说："乌·卡里查啤酒馆是我的第二战场，将来你想找我的话，每天晚上6点钟，在那儿准能见到我。"

这是雅罗斯拉夫·哈谢克的酒馆，一个家庭经营了一百多年。他在此喝酒、写作。小说中，帅克出现在这间小馆儿三次。第一次出场，他就被秘密警察逮捕了。

此时，他一定在。

一道拱门，一家规矩的老馆子，十分宽敞，也没有刺目的装饰。不

乌·卡里查酒馆

过是整个酒馆沉浸在一本书之中,一个角色之中。到处是插图画家约瑟夫·拉达画的帅克,不同版本的剧照、拦住去路的布人偶。侍者穿着军装制造气氛。酒客因此也有一种特权,可以在墙上涂写。画书里的人物、场景、情节。写书里的句子、对话,或只是他们自己的名字,一行玩笑。

一种奇妙的容忍。

一张墙边的桌子,一杯酒,一句在液体里沉浮的话:"我遭受了不幸,我坐在桌边开始一杯接一杯地喝啤酒。"

哈谢克是一个贫穷的布拉格孩子,13岁时,他的父亲死于酗酒。15岁时哈谢克开始谋生,当过银行职员、狗贩(后来他把这个职业给了帅克),混在吉卜赛人和流浪汉中间,沾染了诸多恶习。1906年,他加入了

无政府主义者运动,被监视、逮捕、投入监狱。他开始写小说,一度成为《动物世界》杂志的编辑,由于编造关于动物的故事而被开除。之后,他参了军上了前线,1915 年被俘,待在俄军战俘营。直到十月革命后,他又加入了俄国红军,当上了兵团政委。也是那时,他爱上了一个俄国女人舒拉,1920 年,他把她带回了布拉格。

塞弗尔特曾是哈谢克的街坊,两家的窗子遥遥相对。舒拉为了把浪荡的作家留在家里,徒劳地想了各种办法。

当时楼下有一间小馆叫"顽石饭店",可以玩台球。

塞弗尔特在《世界美如斯》中写道:"一个夏天的晚上,哈谢克衣冠不整地走进了饭馆。他只穿了一件衬衫,趿着拖鞋,裤子用手提着。他坦率地告诉大伙儿,说舒拉把他的皮鞋、背带和外套全部锁起来了。他这是上药房去,妻子患病,医生开了药方。他随身带了个酒瓶,说是就便捎瓶酒回去。没等店主人把酒瓶灌满,也没等站着把一杯啤酒喝尽,他就同我们玩起台球了。他玩得非常糟糕。喝完第三杯啤酒之后,他下了决心,说非去买药不可了,妻子在等着哩,酒瓶就先放在这儿,等他买药回来时取走。他没有再回来。"

哈谢克是一周之后回家的,那时他妻子的病已经好了。

"在这段时间里,哈谢克趿着拖鞋,没穿外套,在夏天的布拉格久久地游荡,当然去了所有可能去的饭馆,在朋友和伙伴中间——他们丝毫没打算看重他的创作——写了满满一练习本的《好兵帅克》。他伏在桌子一角写稿,写完几页就由伙伴中的某一个送去给出版商西内克。出版商按交稿数量付给他相应的稿酬。当然一个克朗也不会多给。哈谢克以此打发一天或一个晚上,第二天他若不愿意对着空杯枯坐,就得提笔再写。"

乌·卡里查就是哈谢克以故事换酒的地方。不过，在那个时代，它还是一家破烂的小馆儿，肮脏、无趣、烟雾弥漫。

"好兵帅克"的形象最早出现在1912年，直到1923年，故事还没写完，哈谢克就死了。

之后，《好兵帅克》变得非常有名，被翻译成60多种文字，连同书中的插图，成为最生动的捷克符号。

"帅克"被认为是对捷克民族的颂扬，也被认为是她的污点。德国戏剧家布莱希特去世时，床边的桌子上还放着一本《好兵帅克》。碾碎"布拉格之春"的华约总指挥曾说，帅克身上体现了捷克人精神里所有坏的方面。约瑟夫·海勒曾说，如果不是看了《好兵帅克》，自己不会写出《第22条军规》。米兰·昆德拉在《小说的艺术》中说，"《好兵帅克》很可能是最后一部伟大的通俗小说"，他更将奥匈帝国的军队解读为"世

战后六点见

界的现代模式"。

当然,这些话,帅克并不在乎。

拉手风琴的人像八音盒上的人偶,一圈一圈地转着,歌唱爱与生活。

歌声、酒、越来越明亮的欲望。

泡沫在杯子上落幕。离开,在最欢乐的时分,提早离开。

门外,路灯下,绑着一块指示牌,上面画的帅克穿绿军装,兴高采烈、昂首阔步。一枚箭头在风里游移不定。

突然空旷,像小说第一行前的空白。

塞弗尔特说:"布拉格天空的星星当然并不比欧洲大陆其他都市上空的星星更明亮,更特殊,然而我们至今在这个城市仍能发现一些如此亲切的角落,在那里我们可以整个休憩身心,思考生活和徒劳无益的梦想。……在别的城市,既无这种可供沉思默想的去处,也无这样的时间。"

这很可能是布拉格人的偏心,也许是。

然而,这个夜晚终究不会有一个"哈谢克式的"完结,战场街的月光分明是"卡夫卡式的"。

　　🦐 **卢塞恩电影院**(Kino Lucerna /Lucerna Cinema)
　　Vodičkova 36
　　地铁 A、B 线 Můstek 站

　　🦐 **卢塞恩音乐酒吧**(Lucerna Music Bar)
　　Štěpánská 61
　　地铁 A、B 线 Můstek 站

战后六点见

新城
Nové Město / New Town

⇨ 金锚酒馆（Restaurace U Kotv）

Spálená 11
地铁 B 线 Národní třida 站

⇨ 弗雷库酒吧（U Fleků /FLEKU Pub）

Křemencova 11
地铁 B 线 Národní třida 站

⇨ 环球咖啡书店（Globe Bookstore&Café）

Pštrossova 6
地铁 B 线 Karlovo Náměstí 站

⇨ 乌·卡里查酒馆（U KALICHA）

Na Bojišti 12
地铁 C 线 I.P.Pavlova 站

一切陌生的终究是陌生的

"我生活的奇迹就是 21 世纪的每个早上,在布拉格醒来。"美国作家艾伦·列维这样说。

河水敲过每一扇窗,布拉格就醒了。
在这个低沉的季节,这些彼此相似的日子。
灰玻璃的天空,无奈无骨的云。

卡夫卡总在抱怨布拉格的每件东西都是小而狭窄的。

护城河街(Na příkopě)是个例外。从走出慕斯塔克地铁站的一刻起,它就带着令人不习惯的宽敞和阔绰。

这条街始于 14 世纪,向西连通瓦茨拉夫广场和民族大道,向东通向共和国广场,也是新城与老城的分界。有旧日宫殿的石头也有新建筑的玻璃与钢铁,盘踞着商店、饭馆、赌场、银行。在美丽的房子里卖美式快餐,这是令怀旧者无比气馁的,就像看着漂亮的穷人家姑娘被粗鄙的有钱人娶走。

7 号,多年前,曾是布拉格最大的咖啡馆——"大陆咖啡馆"。客人多是中产阶级的德国人。有一间弹子房和游戏室，有 250 种报纸。小说《魔像》的作者古斯塔夫·梅克林和他的追随者是常客。

卡夫卡不时来这儿看报纸，也看客人们打牌。

现在是一家银行。

10 号，萨瓦林宫，白色巴洛克建筑，18 世纪贵族大宅。今天，这里是购物娱乐中心。世界第一家黑光剧院"瑟奈克"就在其中。

黑光剧（Black Light Theatre）的独特在于，运用黑色幕布、全黑舞台，以黑光灯（紫外线灯）作为光源，配以荧光的戏服、道具，创造出奇幻的视觉效果。

演员穿黑衣，在全黑的空间演出，这种把戏可溯源到千年之前的中国，后来日本将其用于净琉璃文乐木偶戏。在世界许多地方也能找到"黑光"的手法。在现代，俄国戏剧家斯坦尼斯拉夫斯基也运用过"黑光"。法国早期电影人乔治·梅里爱以及 20 世纪 50 年代的前卫电影导演也都将这一手段用于电影制作。但所有这些导演使用黑光，目的是为了让某些事物从舞台上消失，也不过是若干瞬间。

当代"黑光剧"概念，包括经典范式，比如聚光灯的放置，紫外线灯的放置，选择黑天鹅绒作为吸纳现场残光的最佳材质，甚至"黑光剧"这个名字，都来自一个捷克人——伊日·瑟奈克。1959 年，他的剧团在维也纳第一次演出，开启了一种新的戏剧风尚。瑟奈克创编了 20 部原创黑光剧剧目，其中《奇妙的马戏团》已经成功巡演了 5500 场。

现在的黑光剧在标准"黑光"技术外，加入了大量高科技设备。"飞天"表演、大型投影、大量的木偶，这些新因素使黑光剧在世界上颇为流行。重要的是，黑光剧是视觉艺术，不需要语言媒介。2011 年，瑟奈克获得文化及艺术领域的最高荣誉奖章。布拉格也成为当代黑光剧的故

乡，有10家演出团体，"瑟奈克"之外，还有"影像"（Image）、"HILT""全色"等剧院。

"瑟奈克"夹杂在一群店铺之中，等待天黑。

接着，是一连串的物是人非。

14号，一座翻新的商务楼。旧时，这是一间小旅馆，1862年1月21日，以《外祖母》而知名的作家鲍日娜·聂姆佐娃就死在这儿。墙角立有她的纪念铜像。她的头像也印在500克朗纸币上。

瑟奈克黑光剧院

16号，一列商店。旧时，这是皮亚里斯特语法学校。里尔克、韦弗尔、布洛德、马哈都是这儿的学生。

22号，购物中心。旧时，这是"德国屋"，1873年以来，是布拉格德语社群的中心。诗人李利恩克龙、里尔克都在这里的"镜厅"朗读过自己的作品。1895年，贝尔塔·冯·苏特纳在此发表过演说。

39号，商场。旧时，这是安德烈书店，是卡夫卡常去淘书的地方。

说时，护城河街到了尽头，到了共和国广场、火药塔与市民会馆。

"布拉格酷似罗马……布拉格女人贵族式的美，她们走路的方式，她们穿衣的方式，如此雍容而优雅，让我想起但丁的天堂。"这是罗丹说的。

说的就是这个走向伊布恩斯卡街（Hybernská）的女人。

走，背对人群，慢慢，是布拉格安静的样子。

她走进玛萨里克火车站，消失在1845年的拱廊。

与她擦肩而过的男人穿过马路，走入了一间二手书店，名为"地下"。

昏黄的门廊，旋转向下的楼梯，潮湿纸张的味道。鹅卵石粗野的地面、白屋顶、剥落的墙皮、砖、管道、一天一地的书，所有令人不安的空白都填补了画。没有窗子，格外沉寂。

知道你将无言以对，我就什么也不说了。

男人带走了一本马哈的诗集，像带走一个孤儿。

"那是五月初一，深沉的黄昏／黄昏的五月，爱恋的时辰。"

小店是意外，偶然与巧合，一次美好的布拉格的停顿，是每次转身都希望看到的地方。

之后，是一辆有轨电车越来越强的战栗，在转过德拉日丹纳 (Dlážděná)

地下二手书店

街角时,阿尔克咖啡馆的落寞,使车厢的红色格外明媚。

阿尔克 1907 年开张,迅速成为布拉格前卫作家的据点。年轻作家弗朗茨·韦尔弗、保罗·科恩菲尔德、埃贡·艾尔温·基希、奥托·匹克、威利汉斯、奥斯卡·鲍姆在此激昂文字。这里可以读到大多数重要的东欧报纸,也有文学杂志,包括与德国表现主义相关的出版物。那时,这个圈子的核心人物是诗人弗朗茨·韦尔弗,特别是 1911 年的诗集《世界之友》出版后,他更成了文学明星。作为记者的埃贡·艾尔温·基希,经常采写关于墨西哥、俄罗斯以及美国的报道,他说:"如果人们听说你来自布拉格,他们就会认定你是一个作家。"

一切陌生的终究是陌生的

新城
Nové Město/New Town

阿尔克是布洛德最爱的地方。虽然卡夫卡倾向于避开大规模的群聚，更喜欢几个好友在一起。他还是参与了在阿尔克的初始聚会。

在激流般的轨道边，阿尔克像一块平静的礁石。有涂鸦，有风吹雨打。

橱窗里陈设着旧时的桌椅、报纸。暗影中钉着卡夫卡的大幅照片。像迎客的侍者。

在阿尔克，1920 年，卡夫卡第一次见到了记者米莱娜·杰森斯卡，她后来成为卡夫卡的情人和作品的捷克语翻译。而她的丈夫，布拉格作

阿尔克咖啡馆

137

家厄内斯特·波拉克也是咖啡馆的常客。

卡夫卡与米莱娜的通信始于那年4月,那时,米莱娜住在维也纳。通信持续了一年半左右。有时,一天不止一封。他们谈论文学、翻译、犹太人、婚姻、梦、日常生活的细节和爱。

他写:"我除了向你写那些仅仅属于我们的、属于夹在这拥挤世界中的我们的事情之外,什么也不能写了。一切陌生的终究是陌生的。"

他写:"有一次我想死,接着你也这么表示;有一次我想像个小男孩一样在你面前哭泣,接着你也想像个小姑娘似的在我面前哭泣。有一次,十次,一千次,始终不断地,我说想来到你身边,而你也这么说。"

他写:"写下的吻不会到达它们的目的地,而是在中途就被吮吸得一干二净。"

他写:"我的世界坍塌了,我的世界建立起来了……对于坍塌我不抱怨,我的世界的确坍塌过,但我抱怨它的建立。抱怨我的软弱无力,抱怨它的诞生,抱怨太阳的光芒。"

阿尔克的店堂朴素清洁,没有多余的表达。小有改动,但依然有一个弹子球室。电车经过时,杯里的咖啡仿佛有涟漪。

米莱娜是激进知识分子。在纳粹占领期间,她佩戴着黄色的大卫星以表达对犹太人的支持。盖世太保注意到了她的行动,把她关进了柏林附近的雷云斯堡集中营。1944年,她死在那儿。

韦尔弗,一战后去了维也纳,在那儿娶了作曲家古斯塔夫·马勒的遗孀阿尔玛。1938年,韦尔弗被迫流亡到美国,1946年死于洛杉矶。

搭一段电车，向北。

街不紧不慢地流淌，像一段黑胶唱片音乐中的大提琴。

在河床街（Na Poříčí）下车，向左，走一分钟，就看见这座雄壮的新巴洛克建筑。

1908年7月30日，早上8点，卡夫卡走进了这道雄壮的大门，劳工意外保险局。这里是他从此之后的日常生活。规定是下午2点下班，不过总是会拖延。卡夫卡的工作涉及对因遭遇意外事故而受到人身伤害（如切伤了手指和四肢）的工人进行调查并确定相应的赔偿金、写报告和处理某些上诉的事情。传言中，世界上第一顶民用安全帽是卡夫卡设计的。

事实上，他工作出色，一再被提升，也并无敌人。但他确实被工人不幸的命运所触动，确实被枯燥的办公室生活所消磨。

"我憎恨一切与文学无关的事情。"他说。

不过，卡夫卡再没有换过工作，1922年，他在这儿退休，永远走出了这道门。

传言中，这里就是《审判》中约瑟夫·K工作的地方。

现在，这里是"世纪古城布拉格酒店"，这里那里都是零零散散的卡夫卡的迹痕。他的打字机、电话、表、笔、便笺、半瓶酒。214号客房外，挂着卡夫卡的照片，标明这里曾是他的办公室。在一楼，有一家以他未婚妻命名的餐厅——"费利斯"（Felice），走廊里挂着她的照片。

人们所能找到的卡夫卡，都找到了。

沿河床街向西，第一个路口，是另一家卡夫卡时代的大咖啡馆——"帝国"。

费利斯餐厅

在帝国酒店一层,艺术装饰风格。

这是一个堂皇的地方,大量的雕琢,大量的马赛克瓷砖,鸟、花、神秘人物、若有若无的东方氛围。

卡夫卡和杰出的布拉格人都是帝国的常客。二战时,德国士兵在此用餐,捷克人就不来了。战后,咖啡馆也没落了多年。直到2005—2007年,才按老样子重新整修。2006年,爱德华·诺顿主演的电影《魔术师》,

第一个场景，就是在这间咖啡馆。片中，艾森希姆走进了明亮的帝国。

一杯"帝国热巧克力"（Chocolate Imperial），传言中里面有幸福的感觉。

街角，大窗。街头都是在秋天回家的人。

徒然，一束车灯晃过，眼前的布拉格只是一片白光。

无端，想起《审判》的开头：

"一定有人诬陷了约瑟夫·K，因为一天早上，他没犯什么错，就被捕了。"

> 瑟奈克黑光剧院（Black Light Theatre Srnec）
> Na Příkopě 10，Palác Savarin
> 地铁 A、B 线 Můstek 站

> 地下二手书店（Podzemni Antikvariat/ Underground antique bookshop）
> Hybernská 22
> 地铁 B 线 Náměstí Republiky 站

> 阿尔克咖啡馆（Kavárna Arco/Café Arco）
> Dlážděná 6
> 地铁 B 线 Náměstí Republiky 站

> 帝国咖啡馆（Café Imperial）
> Na Poříčí 15
> 地铁 B 线 Náměstí Republiky 站

小城
Malá Strana / Lesser Town

K 的城

"——是的,我迁往小城去。迁往那富有诗意般宁静的小城去,住进平和亲切的芳邻关系的小城,搬到一条街的僻静的角落里去。"

这是扬·聂鲁达《布拉格小城画像》中的句子。

小城在伏尔塔瓦河左岸,对着右岸的老城,两城以查理大桥相连。1257 年,城堡下的几个居民点合并为一个城镇,就是小城。中世纪时,居民以说德语的人为主,铺陈着大量的贵族宫殿。右岸以捷克人为主,多是商人。1541 年,小城曾被大火和战争所毁坏,之后的建筑多是巴洛克风格。

有轨电车停在小城广场。

过去,像其他的布拉格广场一样,这里也是市场,是公共空间,也进行各种社会活动,例如,执行绞刑。

作为核心和起点,围绕着的是一连串宫殿和历史建筑。37 号,凯撒斯坦宫,从 1908 年到 1914 年,住着歌剧演唱家艾玛·黛斯蒂诺娃。

此刻,太阳和宫殿一样笃定。游客坐在拱廊下看风景,看电车的不明去向,看砖石的赤裸,看杯子浓烈的暗影,看圣尼古拉斯教堂的金十字。

这座巴洛克建筑将广场一分为二，始建于 1673 年，湿壁画最终完成于 1761 年，这是布拉格第二大宗教建筑，仅次于城堡的圣维特大教堂。

走进与所有季节都无关的光和盛着这些光的所有幽暗。伟大的地方都会创造出自己的时空。

比如，一定要仰望，这座教堂的天顶画，1500 平方米的铺陈，在欧洲也是非凡的。

比如，一定要聆听，教堂有巴洛克式的管风琴，超过 4000 个音管，长达 6 米。1787 年，莫扎特曾在这架琴上演奏。此后不久，他著名的《C 大调加冕弥撒》在这里首演。莫扎特死后，成千上万人涌入这个教堂，感念追思。

比如，一定要有比喻。在《过于喧嚣的孤独》中，赫拉巴尔形容处理废纸的"布勃内巨型压力机"，说"这台机器巍然耸立，直顶到了大厅的天花板，宛如布拉格小城区圣尼古拉斯教堂里的那座又高又大的祭坛"。

比如，一定要在此时点一支蜡烛。

找一个座位，比如信徒。

2004 年，斯蒂芬·索莫斯执导了吸血鬼电影《范海辛》，休·杰克曼主演。全片大部分场景都在布拉格。其中德库拉的假面舞会就是在这座教堂拍摄的。他们移走了一排排长椅，在水泥地面上铺上地板，用屏风遮住忏悔室，陈设了许多镜子，点上 1400 多根蜡烛。

回到人间的秋天。

教堂边，有一处美丽的石头房子，洛可可式，名为"石桌屋"。

这个地方，从 1874 年就是咖啡馆。开始叫"拉德斯基咖啡馆"，纪念波希米亚贵族、民族英雄拉德斯基元帅，他赢得了 1849 年诺瓦拉战役

圣尼古拉斯教堂

的胜利。老约翰·施特劳斯的《拉德斯基进行曲》就是献给他的。那时,元帅的塑像就立在窗外,直到一战后被移走。1918年,第一共和国时期,咖啡馆改名"小城",顾客主要是军人。不过,慢慢来了艺术家,"小城"逐渐成了河左岸最有名的文艺咖啡馆,就像右岸的斯拉维耶。来喝咖啡的有诗人扬·聂鲁达、歌剧演唱家艾玛·黛斯蒂诺娃、画家扬·兹尔扎维,还有,卡夫卡。

现在,它是一间星巴克。

K 的城

小城
Malá Strana/Lesser Town

广场西南角，有一条安静小巷，走下去一分钟，就是市场街。有一幢气派的宫殿挂着星条旗。

美泉宫，建于 17 世纪，曾经的贵族大宅。

1917 年 3 月，卡夫卡在这里租下了三层的一间公寓，窗外是花园，面向佩特任山，景色很好。那年 8 月 12 号夜，卡夫卡第一次在这儿犯病，走向生命最后的七年。

现在这里是美国大使馆。

下一个路口，左转，走一分钟，就回到小城的热闹。

莫斯特兹卡（Mostecká）街。这个词直译为"桥"，是广场南边的主街，狭小古老，连着查理大桥，也是旧时国王路的一段。向着河水走，街两侧是整齐的巴洛克建筑，菌集着客栈、小馆儿、古玩店、喝啤酒的地方。看不见布拉格，只有布拉格的纪念物。此外，是令人气馁的美式快餐。

一个玩水晶球的人，他的手，不停翻滚着沉沦其中的太阳。

正午的街，都是鞋子的声音、酒的金色、最后一滴露水干了的气味。

将尽桥头，左右两边有类似皱褶的岔路，转上这条叫"行吟诗人"（U Lužického semináře）的小巷，走进这家叫"细木工"（Truhlár）的木偶小店。王子公主、贩夫走卒、故事中角色、动物、魔鬼、精灵。很好的手艺，是因为线牵着的不是木头，是性格、情感和宿命，所以昂贵。

桥边，另一条小巷叫达日兹克奥（Drazickeho），巷口有一座老石头房子，文艺复兴风格，叫"三鸵鸟屋"，最早的主人是鸵鸟毛供应商。这里也是布拉格最早贩卖咖啡的地方。现在是家旅馆。

从第一个路口左转，走一段柔肠小路，就看到卡夫卡的目光，从一张照片里注视着你的到来。那个门口是切赫尔那街 2 号，卡夫卡博物馆。

1999年,在西班牙的巴塞罗那有一场展览,名字是"K的城:卡夫卡与布拉格"。2002年到2003年,展品转移到纽约的犹太博物馆。2005年夏天,一切都回到布拉格,定格在伏尔塔瓦河岸边,这幢18世纪的建筑。

"我触碰什么,什么就破碎。"这个卡夫卡的庭院一地碎石。院子中央两个青铜男人面对面站着,他们正向捷克的版图撒尿。不间断的"尿液"拼写出的是捷克的文学名言。这是另一个大卫·切尔尼的黑色玩笑,起名"Proudy"。

Proudy对面竖着一盏黑色路灯,灯对面矗立着两个巨大的黑色字母"K",像站在镜子两侧,灼热,字母的影子固若金汤。

卡夫卡博物馆

博物馆有两部分：一是"生存空间"，展示卡夫卡的真实生活，他与这座城市的关系；二是"想象地带"，展示布拉格在卡夫卡作品中的投射。此外，还看得见卡夫卡的初版书、通信、日记、照片、手稿、画。看得见他爱过的每一个女人、他失去的每一年，看得见一张请假的便条、一封要求加薪的信，看得见他来不及烧掉的生活。

一切都在靠近他，不能再近了。

一个线性的空间，很单行道，很暗，暗到足够配上卡夫卡的忧郁，暗到足够每个人都不相识。

一面小窗边，坐着一个无法容忍黑暗的女孩儿。

一间小放映室，银幕上的男人已变成了甲虫。

窗边的孩子

大门外，向左走，是切赫尔那街的店铺。一间极小的门面，门板上有精致的架子，散放了几本书，深处有灯光。这是布拉格的莎士比亚书店。始于 2002 年，书有两万册。这里也举办展览和音乐会。与巴黎的莎士比亚书店无关，除了某种精神联系。

生意有点儿清淡，原来的咖啡座也不在了。看店的人一副绝不取悦于人的样子，守着一样矜持的书，守着高处弗吉尼亚·沃尔芙、米歇尔·福柯的照片。

桌子放了一台装饰性打字机，墙上贴着一纸文学评论。

柜台有一本老版亨利·米勒的《巨大的子宫》，有一本传记，封面是年轻的鲍勃·迪伦。

翻一本杰罗米·芬克的摄影集，那些令人不安的影子。

旧时，这座房子是"布拉格最好的妓院"，挑开窗帘就看得见查理大桥的圣像。

书店，就像一个锚点，让一条街有了依靠。如果，还可以天长地久。

走，沿着河流与鼓声，从查理大桥之下穿过，就是坎帕岛 (Kampa)。一长列的树，树下是市场，无花果、石榴、蓝莓、各种干果、花、瓷器。各种美好。

中世纪，这个岛是储存货物的地方。几百年来，住着穷人，主要是洗衣妇和船工。现在，它是小城风景。恬静，一尘不染。河边地带被唤做"布拉格的威尼斯"。2002 年，电影《谍影重重》在岛上拍了一个场景，马特·达蒙扮演的伯恩在公园长椅上睡觉时被两个警察叫醒。

K 的城

小城
Malá Strana/Lesser Town

莎士比亚书店

打字机

市场边,一条小巷叫"葡萄"(Hroznová)。明亮寂寞。转一个弯,一座白房子,大门敞开,挂着一只黄色潜水艇。旁边墙上嵌着约翰·列侬像。一间致敬酒吧,遍布着列侬、甲壳虫的符号。列侬被刺时戴的眼镜被放大成装饰物,荡在半空。

在列侬密集的目光下喝一杯朗姆酒。

总要有一个地方可以怀念青春。

走过"魔鬼的水道"(Čertovka),就是小城的修道院广场(Velkopřevorské náměstí)。1980年,列侬死后,广场北侧一道墙成了涂鸦者的画布,以表达他们对死去歌手的尊敬,一墙的图画、歌词、纪念物。于是,有了"列侬墙"。墙的主人,马尔他骑士团允许了在这面墙上发生的一切。

列侬墙

列侬像与留言

  1985年12月8日,列侬五周年祭日,许多摇滚乐迷聚集在这儿,举着牌子,上写"约翰,和平何时到来?"他们在墙边摆上鲜花,点上蜡烛,大约600人步行穿过查理大桥,直到老城广场,反复吟唱"要鲜花,不要武器"以及"撤销军队"。

  政府曾一度定期将墙刷白,但自从1990年之后,这道墙再也没有被清洗。

  小野洋子来过,查尔斯王子也来过。

  此时,太阳和墙一样浓烈,过于浓烈了。

  墙上的内容一直在变化,总有新来的人,带来他们要说的话。

有人写:"请爱我,请原谅我。"

有人写:"爱是盲人唯一看得见的颜色。"

有人写:"一个人做梦只是梦,一群人做梦就是现实。"

有人写:"如果他们不让我们做梦,我们就不让他们睡着。"

有人写:"我们来过,我们看过,我们爱过,我们活过。"

有人写:"明天也许下雨,可是今天我要跟随太阳。"

有人写自己的名字,有人写上帝的名字。

有人拿着吉他,有人唱:

"梦已经结束,我能说什么呢,梦已经结束……"

圣尼古拉斯教堂(小城)(Kostel svatého Mikuláše /Church of St. Nicholas)

Malostranské náměstí
地铁 A 线 Malostranská 站

美泉宫(Schönborn Palace)

Tržiště 15 Malá Strana
地铁 A 线 Malostranská 站

卡夫卡博物馆(Franz Kafka Museum)

Cihelná 635/2b
地铁 A 线 Malostranská 站

莎士比亚书店(Shakespeare and Sons)

U Lužického Semináře 10
地铁 A 线 Malostranská 站

K 的城　　　　　　　　　　　　　　　　小城
　　　　　　　　　　　　　　　　　　Malá Strana/Lesser Town

🢖 **列侬墙（Lennonova zeď /Lennon Wall）**
　　Velkopřevorské náměstí

🢖 **约翰·列侬酒吧（The John Lennon Pub）**
　　Hroznová 6
　　地铁 A 线 Malostranská 站

遇见他

聂鲁达街从这个卖艺的人开始。

在路灯下,他的头发是橘色的,带着只有年轻才负担得起的零乱。他的面前是空琴盒和其中深蓝色的夜幕。他几乎是倚在墙上,拉琴,似乎是波隆贝斯库的叙事曲。似乎在这个城市的这个时刻一定需要有人表达。就是他。似乎刚下过雨,在半空中,每一个旋律都裹着雨水,可是布拉格并没有下雨。

始于1348年,这条街从小城广场的西北角开始,向西,只有375米,也是一段国王路,通往城堡,通往更远的丘陵。路两边是宫殿、贵族大宅、教堂、修道院、工匠的作坊、药铺、诗人的家和岁月。

当几枚零散的克朗落入琴盒,天就黑了。

在使用号码标注地址之前,很长时间,布拉格人用所谓"房子记号"来表明自己的居所。这些图案与房子本身的历史相关,也与房子里从事的商业相关。其中有许多动物形象:狮子、羊、驴子、熊、鲤鱼、蛇。此外,也有蜡烛、鞋、小提琴、轮子、心、天使、星星、葡萄、马蹄铁、铃铛、钥匙、高脚杯……用石膏做模，以石头雕刻，以铁锻造或是直接画在门口。

1770年，布拉格有了红底白数字的门牌，1878年，改成蓝底白数字。这两个系统都还在使用。现在，有两条街上依然可以看到许多"房子记号"，一条是老城的采莱特纳街，另一条就是聂鲁达街。

此时，一长列街灯像明亮的水果，照着每座房子，巴洛克式的雕花和属于它的记号。

1号——"列支敦士登宫"，是布拉格表演艺术学院所在地。

5号——"莫尔辛宫"，是罗马尼亚大使馆。

12号——"三把小提琴"，16世纪属于鲁道夫二世的宫廷画家，18世纪早期是一个小提琴匠人的家。传说在月圆之夜会听到琴声。

18号——"内波穆克的约翰"，1566年的文艺复兴风格建筑。在电影《莫扎特传》中是一家假发店。

27号——"金钥匙"，17世纪时属于一个城堡的金匠。

32号——"金狮"，旧时的药店，现在是一所药学的博物馆。

33号——"夏天和冬天"，又叫"布莱特弗尔德宫"，1765年的巴洛克建筑，18世纪时曾是著名的社交中心，许多舞会和音乐会在此举行。1787年，莫扎特和妻子康斯坦丝曾住在这里。

41号——"红狮"，是《基督受洗》的作者，巴洛克晚期画家，彼得·布兰德的住宅。

44号——"三黑鹰"，是一间鬼屋，传说深夜会有老妇拿着钥匙走动。

还有，"金轮""金马蹄""绿龙虾""白天鹅""七蟑螂""深窖"……语焉不详的主人，零零碎碎的传说。

宫殿紧闭着。店铺大多打烊了，留下橱窗亮着，像一团一团的情绪，彻夜彻骨。

51号的木偶店，还开着，洋溢着过于温暖的光。两扇门板各有一张面孔，右手是男人，左手是女人。店里的木偶不是给孩子的，他们都来自大人的戏剧，都还沉浸在各自的角色与命运之中。

出门时，无意拉动了门上的一根绳索，女人的脸上慢慢流下了一滴泪水。铁皮做的，很凉。

去喝一杯卡尔斯巴德咖啡，忘了小馆儿的名字，只记得写在墙上的话："来和我喝一杯咖啡，你是我的至交。你生活在那个我偶然逃脱的命运之外。"

聂鲁达街的木偶店

遇见他

小城
Malá Strana/Lesser Town

有的街是一次性的，走过，不必回头，再无瓜葛。有的街是用来徘徊的，无论走多少遍，总还有连不上的细节，总还有什么事没有告诉你，什么人没来得及遇见。所以，来来回回，如同聂鲁达街。

在夜晚，看见"两个太阳"，47号，是诗人扬·聂鲁达的家。

1834年7月9日，他就出生于此。那时，这条街叫"奥斯楚莫瓦"（Ostruhová）。父亲是小业主。他学习了哲学和语言学，之后，做过教师、记者。1858年，在卡雷尔·马哈的影响下，以聂鲁达为首的青年诗人创办了《五月》，形成了"五月"派，主要人物还有诗人维捷斯拉夫·哈莱克、阿道夫·黑杜克、鲁道夫·迈耶。他们在政治上推动自由、民主和社会正义，文学上力图将捷克文学带入欧洲主流。"五月"派还极力促成了国家剧院的建立。

"每到阳光璀璨的五月，小城便美得像天堂一样。"

聂鲁达热爱小城，热爱这条街。1878年，他出版了短篇小说集《布拉格小城画像》，用13个故事讲述小城，奥斯楚莫瓦街，它的公寓、院落、店铺、教堂、酒馆。他讲街上生动的小人物，配着大把的冷嘲热讽和温情。《她给一个乞丐带来了毁灭》，伏依基谢克的悲伤与"百万婆子"的恶毒；《理尚奈克先生和斯赫莱格先生》，两位一生存在芥蒂的老者，人的尊严和宽恕；《鲁斯太太的软心肠》，由衷的谣言和由衷的哭声；《水鬼》，里巴日先生的绝望……

所以，他是小城的狄更斯。他的创作深刻地影响了之后的捷克及世界文学。1971年的诺贝尔文学奖得主、智利诗人巴勃罗·聂鲁达，就是以这个笔名向布拉格的聂鲁达致敬。乔伊斯的《都柏林人》、奈保尔的《米格尔大街》也都从这本书获取灵感。

在《沃雷先生的一只浸满烟油的海泡石烟斗》中，聂鲁达曾这样写街坊们的言论："谁要同犹太人有瓜葛，谁就要倒霉！"

出生于布拉格的美国第 64 任国务卿奥尔布赖特，在她的书《布拉格冬天》中，将聂鲁达认定为一个不折不扣的反犹者，因为在聂鲁达的书里，几乎所有的犹太人都被描述成贪婪的高利贷者。

聂鲁达一生未婚，流言中他的情人是"五月"派的女作家卡罗琳娜·斯薇特拉。

诗人死在 1891 年，葬于高堡公墓。因书而驰名的小城街道奥斯楚莫瓦，改名为聂鲁达街。

塞弗尔特说："聂鲁达爱这座城市，在这座城市里生活……你可以到处遇见他，在每一个角落遇见他。无论是在春天，在寒冬，在炎夏，还是在令人怅然若失的城市的秋天。"

相隔不远，有一间苦艾店，门外画着诱人的魔鬼，窗子边有凡·高的像。一个中年女人走出来，举着一只苦艾冰激凌，她手中的绿色混着夜晚，走远，像一个深深的遗憾。

站在街头，突然的饥饿。下一个路口，向北，转上杜诺沃斯卡街（Thunovská），一条用昏暗与石头挤压出的小巷，沿着一道败坏的墙，不安和霉菌的味道，前方潮湿的灯火下就是小酒馆卡拉尔·布拉班斯基欧（U Krale Brabantskeho）。

这是一个 1375 年就存在的地方，看得见布拉格的中世纪。店家声称，除了盗贼和骗子，莫扎特和哈谢克也都在这儿喝过酒。

像一个电影场景，一处巢穴。赤裸的石壁，粗暴的桌椅板凳、密

苦艾小店

布的头骨、各种锁链、刀、用于恐吓的器具,带着亡命徒表情的男女侍者。吞剑的人、跳肚皮舞的人、光着上身穿梭着喷火的野蛮人。夸张,忘情。显然,他们深知酒客们的现实生活都已无比匮乏。

被半疯的女人引领到角落,倒满黑啤酒。

美国美食作家安东尼·波登说:"布拉格是被蔬菜遗忘的土地。"

烤猪膝、肋骨、熏肉、烤鸭、鸡翅、香肠、烤捷克奶酪……

没有什么可说了。

做酒肉之徒,柔肠一寸不留。

小城广场夜色

　　聂鲁达街（Nerudova ulice/ Nerudova Street）
　　地铁 A 线 Malostranská 站

　　卡拉尔·布拉班斯基欧酒馆（U Krale Brabantskeho）
　　Thunovska 15 | Mala Strana
　　地铁 A 线 Malostranská 站

骰子的第七个侧面

《审判》的最后，K 被带到一个"小采石场，废弃、荒芜"。

小采石场，1925 年被铲平，1934 年，斯特拉豪夫体育场建成，一度是世界最大的体育场，可以容纳 22 万人。布拉格人在这儿举行各种比赛，大规模的群体活动、歌舞、赛车、演唱会。

面对的是一座庞大到无法控制的建筑，一副占据整个海底的鱼骨。

雾就从那里升起，在破晓时分。

萨特说："《审判》可能是关于犹太人的。就像小说的主人公 K，犹太人陷入了一场漫长的审判。他不认识自己的法官，甚至从某种意义上来说不认识自己的律师。他不知道自己的罪名是什么，但他是被认为有罪的。审讯在被不断地拖延，他利用这段拖延不断地找人说情帮忙，但每一步都把他推向罪的深渊。他的外表虽然依然正常，但从出生一刻起他就陷入了审判。终于有一天他被告知被捕了，最后被处死。"

两个黑衣人处死了 K。K 说："像条狗！"

卡夫卡写道："仿佛他的耻辱将留在人间。"

这场雾最终从这片落叶上散去,连同布拉格深沉的露水、月亮的味道。此刻,有越来越辽阔的风,脚下正有小的光明,正在诞生一条路,一座山,一次秋天,开满了往事。

佩特任山(Petřín Hill)在伏尔塔瓦河左岸,只高出水面 130 米,是公园,是人们散步的地方,是布拉格的深呼吸。

佩特任山不轻视每一个忧伤的心灵。

卡夫卡学生时代就会来山上散步,他最早期的小说《一次战斗纪实》,主人公就是在一个冬夜,从城里穿行,直到佩特任山。

"让我站在山巅 / 把痛苦歌唱。"

1922 年,茨维塔耶娃流亡到布拉格,并和小自己三岁的罗泽维奇陷入一段情事。也借这座山丘,她写了长诗《山之歌》。

在《世界美如斯》开篇,塞弗尔特写:"我老了,腿脚已不灵活。可是直到不久以前,我还常去佩特任山,隆冬季节也去。"他熟悉所有的小路,"在一条小路的弯曲处,我知道有个地方春天盛开着蓝莹莹的紫罗兰"。

山的秘密在于视角,特别是城中的山,在高处,在黏稠的现实之上,获得某种权力,某种摆脱的幻觉。

《生命中不能承受之轻》,特丽莎因托马斯的不忠而痛苦。"我理解你,我知道你需要什么,"托马斯对她说,"我留心了一切,你所需要做的,只是去爬佩特任山。"她就去爬山,"她走着走着,多次停下来回首眺望,看到了脚下的塔楼和桥梁,圣徒们舞着拳头,抬起石头的眼睛凝望云端,这是世界上最美的城市"。

1891 年，布拉格人在佩特任山顶建造了一座"埃菲尔铁塔"，完全模仿巴黎，除了小。塔高 60 米，299 级台阶。

塞弗尔特在他的诗《斯拉维耶咖啡馆》里，比较了塞纳河与伏尔塔瓦河，埃菲尔铁塔与佩特任山上这座缩小了五倍的铁塔。"当从我们的桌子望出窗外 / 堤岸之下流过塞纳河 / 噢，是的，塞纳河！/ 因为不远处伫立山上的 / 是埃菲尔铁塔。"在同一首诗中，法国超现实主义诗人阿波利奈尔在这间咖啡馆里读诗，他的听众喝着苦艾酒。

此时，铁塔之上，云淡风轻。

走，沿河边一侧的小路，穿过一道墙。白色，像一条漫长的拉链，带着城垛和梭堡。

1360 年，查理四世下令修建一道防御墙，以巩固布拉格城堡与小城的西南边界。墙高 4～4.5 米，宽 1.8 米，约 1.8 千米长。1361 年，布拉格有过一场饥荒，传言中这道墙的建筑并无战略意义，不过是君主为了让穷人有活儿干，有饭吃，从此人们叫它"饥饿墙"。之后几个世纪，这道墙曾多次加固整修。现在，捷克人依然用"饥饿墙"这个词形容"无用的公共工程"。

还有一种附会的说法，这道墙给了卡夫卡灵感，让他写了《中国长城建造时》。文中那个"传诏人"，"当他终于冲出最外面那道宫门时——然而这种事永远永远也不会发生，京城才出现在他面前，这世界的中心处处塞满了高处落下的沉积物。谁也别想从这里挤出，带着遗诏也不行。——然而每当黄昏降临时，你就坐在窗边梦想着那道遗诏。"

上山，上山。落叶马不停蹄，连着布拉格的白天和夜晚，马不停蹄，奔向冬天。

小城安静的街头

在山顶坐缆车,一个片刻,把人们还给这座城市。

下山第一条街,第一个路口,就看得见约瑟夫·索德克的家门。

乌耶兹德街30号,一幢米色公寓,一道门半开着。

摄影师对于城市的忠诚,比如欧仁·阿特热对于巴黎,约瑟夫·索德克对于布拉格。

1896年,索德克出生在易北河畔的科林小镇,距布拉格55千米。父亲是粉刷工。索德克15岁进入工厂,做图书的装订员,开始接触到摄影。一战爆发后,1915年,他被征招入奥匈帝国军队,派往意大利前线。

"第十一次进攻的时候,我失去了胳膊,就像一块巨石打中了我的右肩。周围原来站着的兄弟全都死了。"索德克1916年负伤，别无选择，被迫截去了右臂。

战后，他来到布拉格，无法做回本行，也拒绝了政府给的一份办公室工作。经历一段彷徨，索德克拿起了照相机。伤残军人津贴使他从事艺术成为可能。在一个俱乐部，他结识了摄影师杰罗米·芬克。1922年，索德克进入"平面艺术学院"学习摄影。期间，他回到伤兵医院拍摄了"伤兵系列"。

1924到1928年，他记录了城堡圣维特大教堂的重建。这是一系列出色的照片，特别是光线从窗子倾泻而下的宗教感。拍摄时，他会耐心等待，有时会等几个小时，直到穿过教堂窗户的光线达到理想的角度，他奔跑着挥舞一块布，以扬起灰尘，为光线制造出重量。此后，索德克被称为"布拉格的官方摄影师"。1933年，他举办了第一次个展。

穿过一道长门廊，工作室在公寓楼背后的院子里。非常小，几乎一无所有，暗房空着，连该有的酸楚也一滴不剩。除了墙上的照片，只有耀眼的白色和几样简单的纪念物。

从1927年6月起，索德克在这工作和居住。他的妹妹兼助手博任娜·索德科娃和他住在一起。

这个工作室在索德克初期非常重要，是他从事商业摄影业务的基地。二战早期，摄影业务被迫关门。由于无法自由外出拍照，他在工作室支起三脚架，拍摄自己的窗子，记录这块通向布拉格的玻璃。他为工作室全天候拍摄，为任何一年中任何一天的任何一个瞬间拍照，室内室外，花园中茂盛的植物，以及窗前扭曲的树。

索德克在这里完成了几个著名系列：《我工作室的窗子》（1940—1954）、《花园散步》（1944—1953）、《我工作室的花园》（1950—1970）、《我工作室窗边的静物》（1950—1958）。这间屋子变成了经典场景。

1959年，索德克搬到城堡区居住，他的妹妹仍然住在这儿。此后，索德克也一直使用这里的暗房。

窗子和树都在，像一张活着的照片。

这是一个简陋又奢侈的地方。安静的院子，小径、大叶植物、野草、藤、灌木丛和不认识的果子，都裹着一层潮湿的光。于是，与他人和世界保持着距离。

约瑟夫·索德克
工作室的窗

索德克一生都在为布拉格留影。街巷、河流、树木、砖石、天气。

20世纪50年代初，索德克获得了一台1894年柯达照相机，底片尺寸是10×30厘米。他开始以全景的方式拍摄布拉格。这台大画幅相机，一次只能装一张底片。为了方便外出拍片，朋友的妻子为他缝制了一个巨型暗袋。于是，他可以将自己与相机一起装入黑暗，遮挡光，更换底片。他称之为"修女服"。1959年，索德克出版了影集《全景布拉格》，288张照片，288封他写给这座城市的情书。照片中的布拉格是道路与伏尔塔瓦河交错之中的珍珠。树林中，挂在树之间的天空像撕碎的光。

"我坐在佩特任果园的长椅上，不耐烦地等待着摄影师约瑟夫·索德克的到来。小路上洒满了芳香的阳光。"塞弗尔特曾与摄影师一起工作，拍摄布拉格。他这样描述索德克："他长时间等候合适的阳光。也许等上半小时，也许整整一个小时。阳光没有等来，他扛起摄影机，我们顺着一条小径登到高处，在那里再次等待。他像雅各同天使搏斗一样同阳光搏斗。"

"我凝神注视索德克的一幅杰作，是他拍摄的许许多多布拉格照片中的一帧。那黑丝绒般的美，那深沉的、赏心悦目的幽暗！多么丰富的灰色层次，一步一步引向光华四射的地方。柔和细腻的阴影使人想起薄如蝉翼的妇女内衣上的暗影。"

索德克一生未婚。他生性害羞，从不出现在自己影展的开幕式上，在他的照片中也极少出现人。可，无论多么贫困的时刻，身边总有大量的古典音乐唱片。

"所有围绕着我们的事件，无论是有生命的还是无生命的，在一个疯狂摄影师眼中都会呈现出多种变化。一个无生命的物体会通过光线或

是它所处的环境,而变得有生命。如果一个摄影师的心灵有所感知,或许他能捕捉到一些。我想,这就是抒情。"

他喜欢拍静物。"我相信摄影热爱平凡之物,我热爱平凡之物的生命。我想你肯定知道安徒生的童话:当孩子们上床时,像玩具这种东西就苏醒过来。我喜欢叙述无生命物体的生命故事。显示某种东西的神秘性:一个骰子的第七个侧面。"

1976年9月,索德克平静地死去,没有疾病,没有痛苦。

1985年,一场火曾烧掉了这个工作室。现在,是复原后的样子。

1987年,一颗小行星被发现,被命名为"索德克4176"。

告别,这个永远不会再来的地方。

"我非常相信直觉,一个人永远不要犯傻地想明白所有事儿。一个人也不要问太多问题,而是去做他应该做的。永不匆忙,永不折磨自己。"他说。

沿乌耶兹德街向南走,身边有轨电车向北行。

一间偶然的小书店,走过了,再回来。

店名叫"布拉格年鉴",卖的是二手书,诗、历史、画册、老海报、剧照。

几副旧书架,像这房间的陪嫁,长在墙上,有点倾斜,以一种脆弱支持另一种脆弱。仿佛只要更动一本书的角度,整个世界都会坍塌。有一个守店的老女人,一只猫,几粒直上直下的灰尘,有让人平静的纸的气味。看得见书皮上正在剥落的烫金的名字,看得见时光流逝时的样子。

随便买一张老明信片,算是来过。

希望它一直都在。

如果铁轨突然纷乱了，就是胜利大道（Vítězná），向左转，走到底就是河水。

这是一条没落的街。端庄的生活和昂扬的命运早已失去了。走过不停的涂鸦、不洁的店铺、蒙尘的窗。直到，这个侍者的出现，才打破了这种自弃和低沉的印象。他在萨沃依咖啡馆外，在太阳下挂一块新写的菜牌。

布拉格曾经有两家咖啡馆，都叫萨沃依，一家在右岸老城，是卡夫卡看戏的地方，早不在了；左岸这一家，还在。

1893年开张，新文艺复兴风格，是另一家美好时代咖啡馆。一战期间曾几经易手，咖啡馆变成小店铺。后来，这里还做过警察招募中心。天鹅绒革命后，才恢复了身份。

老馆子的气派和虚荣还在，客人要等着侍者引领。

天花板有7米高，连同吊灯，充满了第一共和国时期的气氛。此时，只有几个喝咖啡的人。大量的阳光，大量漂泊不定的空白，他们被沉默明亮的线牵连着，变得非常醒目。交谈的神色、看报纸的姿势、由厌倦而生出的魅力。他们看看窗外，看看自己，带着得意者的优雅或是绝望者的平静。

一杯拿铁，一层轻浮的奶脂。

如此缓慢的上午。

拿出那张明信片，是一个叫维罗尼卡的人，1951年，寄自柏林。只写着两个字："等我。"

萨沃依咖啡馆

🢂 约瑟夫·索德克工作室（Ateliér Josefa Sudka）

Újezd 30
地铁 A 线 Malostranská 站，换乘电车 22，12，20 到 Újezd 街

🢂 布拉格年鉴二手书店（Antikvariát Pražský Almanach）

Újezd 26

🢂 萨沃依咖啡馆（Café Savoy）

Vítězná 5
电车 6，9，12，22，到 Vítězná 街

城堡
Pražský hrad / Castle

有一处自己的房子，与世隔绝

卡夫卡的第一本书《沉思》，有一篇叫《乘客》，第一段，他写：

"我站在有轨车出入口的平台上，关于我在这个世界，这个城和这个家庭里的位置，我彻底的一头雾水。"

有轨电车是一种带着隐喻的交通工具。路线精确地重复，轨道和电线的束缚制造出困境，像提线木偶和玩具那样被操控，带来了命运。这种在世界上全面消失的车辆，在布拉格却生机盎然，带着生动的红色的感伤，穿行于城市，如果还下着雨。

下着雨，在宫殿滞重的石壁上，在桥梁和街灯上，在巴洛克式的大门和哥特式的尖顶上，在所有站立于屋檐的雕像身上，在金色头发和金色十字之上，在水，在草地，在密林之上，在含混的钟声，在一种不停逝去的气味之上，在这辆有轨电车缓慢的玻璃窗上，下着雨。

布拉格迎面而来。

91路，是一条特别的"怀旧"线路，只有周末与节日才出发，从正午，从第六区的斯特舍维兹站（Vozovna Střešovice）出发，一路穿过布拉格的所有往事。

有一处自己的房子，与世隔绝

城堡
Pražský hrad / Castle

穿蓝制服的售票员拉响了铃声。

到了往事的第一站——城堡。

布拉格城堡是世界上最大的古城堡，长 570 米，平均宽约 130 米，面积 7 万平方米。东西方向三个大庭院，由一系列宫殿、教堂、大厅、花园、街巷以及其他附属建筑构成。城堡始于公元 870 年圣母玛丽亚教堂的建造。王朝更迭，江山易手，城堡不停地扩展、加固、消解、损毁。罗马、哥特、文艺复兴、巴洛克，各种风格印记。一千年来都是权力和征服的标志。波希米亚国王，神圣罗马帝国皇帝，捷克斯洛伐克、捷克共和国总统都在此执政。二战时，1939 年，希特勒还在城堡住过一夜。

"夜的城堡无处不在 / 越过黄杨树常青的顶梢 / 那个荒唐的皇帝踮起脚尖 / 走进他的胜地——魔术花园 / 走进玫瑰暮色中的阳台 / 玻璃叶子叮叮地响 / 似乎有远风漫拂 / 却是炼金术士手指的轻触。"这是塞弗尔特的诗。

电影不会放过这种地方。《碟中谍》系列与布拉格很有渊源，1996 年，第一部的故事就发生在布拉格。15 年后，汤姆·克鲁斯再来拍《碟中谍 4》，在片中城堡扮演的是俄罗斯的克里姆林宫。在电影《上海武士》中，城堡又成了伦敦的白金汉宫。2008 年，阿德里安·布洛迪主演的电影《布鲁姆兄弟》，有一场偷书的戏也是在城堡拍摄的。

被过于宏大的事物包围着，你得仰望。

仰望圣维特大教堂。飞拱、大钟、金门、玫瑰窗、尖顶上的青铜,附着于石头表面若有若无灰烬的黑色。

圣维特是罗马天主教布拉格教区的主教座堂,哥特式,是捷克最大最重要的教堂。从1344年查理四世下令建造到20世纪初完成,用了600年。其中有圣瓦茨拉夫的遗物也有波希米亚的王冠。历代国王在此加冕、在此被埋葬。

跨进这道门,就是神、君王、圣徒、群众、信仰、权势、牺牲、救赎;就是华丽的法器、十字、已沉没在墙中的幽暗壁画;就是金、银、宝石;就是风琴、高到可以飞翔的屋顶、彩色玻璃致幻的投影;就是讲不完的复杂故事和情感,用时间和相信创造出的人的边界。

小说《审判》中,有一个大教堂的场景。约瑟夫·K一个人在教堂里徘徊,听见自己脚步回音,时间是上午,却非常暗,他面对着"闪着银光的圣徒雕像",所指的就是走过的这座圣约翰墓和它周围的雕像。

"下午的祈祷已经过去了很久,圣维特教堂里空荡荡的,只有圣约翰墓前还跪着我那虔诚的母亲,她仍沉浸在祈祷之中。"同一场景被聂鲁达写进了《布拉格小城画像》。在《圣瓦茨拉夫的弥撒》中,诗人写了一个孩子,偷偷躲在教堂的一夜,他的等待和"冒险"。"也许每个人都曾有过这样的经验,至少有那么片刻,当你一个人待在空荡荡的教堂里,那种空旷、寂静会给你带来多么强烈的一种感受啊。"

消解这些文学描述的是此时的游客和半空中不间断的贫瘠的闪光灯。

美好只能是一种自私的体验。

有一处自己的房子，与世隔绝

城堡
Pražský hrad / Castle

无疑，圣瓦茨拉夫礼拜堂是大教堂最出色的部分。有古老的壁画，墙上嵌着1300块彩色半宝石。有一年春天，诗人塞弗尔特在一个炎热的下午穿过布拉格城堡广场。"从教堂洞开的大门里吹来一股充满残花香味的清凉。"他走进教堂，一直走到圣瓦茨拉夫小礼拜堂。"当时，里面空无一人。我走进去，站到它那彩石砌成的墙前。彩石散发出的凉气诱我把脸凑上去。我把脸紧紧贴在墙上，就像贴在心爱的人的脸上。这种凉凉的接触竟然也是充满爱意的。"

圣约翰墓

所以,他写:"生活中毕竟有一些我们所爱的事物是能够用我们的双手和心灵把它们保存下来的。因而爱也是有可能始终不渝的。"

看,卡夫卡的教堂、聂鲁达的教堂、塞弗尔特的教堂,都只有一个人。

另一个游客聚集之地在中殿北侧,穆夏的彩色玻璃窗下。

穆夏,1860年出生在摩拉维亚南部,一个为画而生的孩子。19岁,少年远游,去维也纳为剧场画布景。1883年,他为古温·比拉斯伯爵在奥地利的城堡作装饰画。伯爵欣赏他的才华,资助他去慕尼黑接受正规的艺术教育。1887年,穆夏来到巴黎,在朱利安艺术学院学习,同时画广告和杂志插图。

穆夏的机会来自一个叫莎拉·伯恩哈特(Sarah Bernhardt)的女演员。在19世纪后半叶,她被称为"世界上最著名的女演员"以及圣女贞德之后最有名的法国女人。她演舞台剧也演电影。她被普鲁斯特写进了《追忆似水年华》,是女演员拉·贝尔玛的原型。她在好莱坞星光大道上有一颗星。

1894年底,伯恩哈特在准备新年大戏《吉斯蒙妲》,她非常喜欢演出的海报,并找到了画海报的人——穆夏。此后,她请穆夏继续为她画海报,设计舞台背景、演出服装。穆夏出名了。1896年,他为《茶花女》创作了海报,这个角色是伯恩哈特一生都在演的中心角色,这张画也是新艺术运动的一个早期代表作。

1906年,穆夏旅居美国,教授油画。此间,他听到了斯美塔那的《伏尔塔瓦河》,感动之余决定返回故乡。1901年,他回到布拉格,着手创作组画《斯拉夫史诗》。1918 年，捷克斯洛伐克独立，穆夏为新国家设计了邮票和钞票。1928 年，他完成了他的"史诗"，包括 20 幅巨大的油画，以视觉的方式记述了斯拉夫民族的历史。

1929 年，圣维特教堂又一次重建，穆夏设计的彩色玻璃窗于 1931 年安装在北殿。图案中心是儿时的圣瓦茨拉夫和他的祖母圣柳德米拉。围绕他们讲述的是圣西里尔与圣梅索迪斯在斯拉夫人中间传播基督教的故事。

1939 年，德军占领布拉格，穆夏是第一个被盖世太保逮捕的艺术家。在一连串的审问中，他得了肺炎，当年 7 月 14 日去世。葬于高堡公墓。

在布拉格，到处都有穆夏的影子，他画中美好的女性、丰盛的鲜花、光环、新古典主义长袍服。

1967 年平克·弗洛伊德乐队的海报就是以穆夏画风为灵感。

一个人，一个故事，只是大教堂一面高高的美好的窗子。

走出大门，我似乎看见了一切，我似乎一无所知。

那时，人潮像黑暗中的鱼群。

那时，祭坛上的座位还空着，蜡烛还没有点燃。

那时，雨停了。

穿过第一庭院，去城堡画廊。

这间画廊的时间可追溯到 16 世纪，非常古老。展厅很小，只有 107 幅画作和 3 件雕塑，是从城堡所保留的 4000 件艺术品中选出的，基本都是国王鲁道夫二世的收藏，有提香、鲁本斯、丁托列托、克拉纳赫、雷尼和保罗·委罗内塞等人的作品。

圣维特大教堂的基督像

经过第二庭院、第三庭院、旧皇宫,就是圣乔治广场,这里是城堡建筑群的中心。广场最为醒目的是红色巴洛克式圣乔治大教堂,建于10世纪。与它相连的左侧建筑,就是波希米亚的第一个女修道院。建于973年,曾是公主和上流社会的女孩接受教育的地方。1872年,一度改为军营。它也曾是国家美术馆的一部分,展示19世纪波希米亚艺术。

找不到入口,看门人说,关了,永久地关闭了。

有一处自己的房子，与世隔绝

城堡
Pražský hrad/Castle

城堡的黄昏

穿行于绵延的宫殿、高墙，在城堡西北边缘，找到黄金巷。一条石头小路，像一枚别针，穿着一连串彩色小房子，低、错落、紧密。门、窗子、烟囱、屋檐，一切都特别小，与另一侧的巍峨不成比例。整条街的颜色没有一点儿油脂，像粉笔涂上去的。这里是城堡遗落的童话或者玩具。必须加上深秋的气味、潮湿和喧哗；必须加上令人气馁的游客以及满足他们好奇心的各种展示：盔甲、刀剑、监狱、曾经的生活。也必须加上卖纪念品的店铺，让他们可以买点儿什么，以便将这条小巷永远地带走。

181

这条路15世纪末就有了。1597年，鲁道夫二世决定给守卫城堡的枪手划一块地方做居所。当时，建了24间房子，用石头、泥土和木头，由于空间的限制，都特别小。岁月流逝，枪手远行。来了三教九流的居民，仆役、手工匠人、炼金术士，街就有了这个名字。19世纪末和20世纪初，又来了艺术家，来了卡夫卡。

夜幕已经降临。

卡夫卡走出长街16号的大门。空中充满了雪的欲念，可地上什么也没有飘落，除了煤气灯带着橘子甜味的光、他的影子和礼帽夸张的形状。他穿行于犹太人区狭窄弯转的街，没有目光是笔直的。仿佛有马蹄声，有马粪新鲜温暖的味道，有他每天遇见却从不相识的人。他已经走到了马奈斯桥，走入伏尔塔瓦河的静默和吹在静默之上的大风。他裹紧了黑色大衣，加快了脚步。之后，他从小城边上经过，之后，他走完了一段台阶，他走进了城堡，走进所有宫殿对面的这条小街。有炊烟艰难地荡漾，有小的光明。22号，他停下，拿出了钥匙，打开门和他的灯。墙上有一个极小的窗，窗外就是山谷。地方小到只容得下他和一支笔，所以，他必须写。写出他已经在路上想好的故事里的句子：

"赤裸着身子，冒着严寒，在这个最为不幸的时代，我坐在人间的马车里，驾着并非人间的马……"

1915年到1917年，卡夫卡住在老城犹太人区的长街，非常喧嚣。"直到10点之后，邻居的叹息、楼下住客的聊天声、来自厨房的各种声响（还在）。另外，薄薄的屋顶上也无法预见在某个下午时分，会有哪个女佣客气而毫无恶意地用靴底踩着我的头顶，这里或那里也会响起钢琴声。……直到夜里 11 点之后，才会有接近完整的平静。总之，要获得安宁是绝无可能的。没有任何归属感，只有胡思乱想，越来越虚弱和绝望。"

1916 年，卡夫卡到处寻找一处可以在夜间安静写作的地方。

"去年夏天的一天，我和奥特拉一起去找房子。我不再相信能找到真正的安静，不过我也还是去找。我们在小城区看了几处，此间我不断地想，如果在某个老宫殿的某个角落能有那样一个安静的洞，让我能在安宁中舒展身体，该有多好！没有，我们没找到合适的。只因好玩儿，我们去这条小巷打听。真有一处小房子 11 月可以搬入。"

"开始时房子有许多小问题，我没有时间细述整个过程。现在它完全适合我了。从每一个方向：走着就能到，安静，我和邻居之间只隔着一层极薄的墙，但邻居足够安静；我在那儿吃晚饭，通常一直写到午夜；之后我可以在回家的路上，抽离一下，让我的头脑冷却下来。那样的生活：有一处自己的房子，与世隔绝，锁上的不是一个房间的门，不是一所公寓的门，而是整幢房子的门；从这道门可以直接走入这条寂静小街的积雪之中，这是很特别的。"

城堡里最卑微的路，也最美。

不过，真实的生活是另一回事。

塞弗尔特也曾住在这条街。在《积雪下的钥匙》中，他这样描述位于黄金巷的小平房。"在这房子里居住并不舒服。冬天炉火烧不暖，因为烟囱是老式的，显然有现代化的炉子不配套。另外，这房子是个倒霉的晴雨表。一要下雨，哪怕是阵雨，两米多厚的墙壁马上就湿漉漉的。连被子都是潮的，严寒时上面甚至会结成一层薄薄的冰。地板上还长着蘑菇。"

黄金巷 22 号

不过,浪漫就是用来抵消现实的。

比如美国捷克裔作家达纳·纽曼的问题:

"在布拉格蜿蜒的鹅卵石路上,在积雪的城堡下,身陷爱情易如反掌,可这是个好主意吗?"

布洛德曾在 1917 年 2 月前来拜访卡夫卡,之后在他的日记中称这里是"一个真正作家的僧房"。

22 号的租金每月 20 克朗,小卡夫卡 9 岁的妹妹奥特拉照料他的生活。他只在此写作,并不住这儿,他的床还在犹太人区的长街。

有一处自己的房子，与世隔绝

城堡
Pražský hrad / Castle

从 1916 年 11 月底到 1917 年 9 月，卡夫卡在黄金巷写了《乡村医生》《在画廊上》《猎人葛拉丘》《致科学院的报告》《一道谕旨》等许多作品。1920 年，短篇小说集《乡村医生》出版。市场反应令人失望。但也还有这样的评论："本书在出版领域未获成功是读者水平不高的明证。这些篇章记录了梦幻般的事件，是德语文学罕见的能把抽象至极的事件记述得具体无比的成功典范。"

面前，涂成蓝色的小屋，门似乎永远开着，永远有人走进去。看一看卡夫卡所说的安静。窗外的山谷很深，都是落叶。这里卖书，卡夫卡的书、明信片、一排一排的作家年轻的目光。

已过午夜。卡夫卡停下笔。这一晚，他没有更多要写的了。离开，门外，雪变成现实。就要走出黄金巷的时候，他突然想要给小说加上一

午夜有轨电车

185

个句子。明天,要加上这个句子:"带着一个漂亮的伤口来到这世上,它就是我全部的家当。"

听不见有轨电车的声响,什么也听不见。

一支笔正在迅速变冷。

> 圣维特主教座堂(katedrála svatého Víta/ St Vitus Cathedral)
> III. nádvoří 48/2,119 01 Praha 1
> 地铁 A 线 Malostranská 站,转乘电车 22 路到 Prazsky hrad

> 布拉格城堡画廊(Castle Picture Gallery)
> 2nd Courtyard of Prague Castle

> 黄金巷(Zlatá ulička /Golden Lane)
> Zlatá ulička 110 00 Praha 1-Hradčany
> 地铁 A 线 Malostranská 站,转乘电车 22 路到 Prazsky hrad

新世界

面前的画叫《书房中的学者》，伦勃朗画于 1643 年。学者黑袍、红帽，一本大书打开，影子落在纸上，目光直视看画的人。

这并不是挂在墙上的唯一的珍宝，沿学者的目光转身，穿过一个房间，另一个房间，你看见鲁本斯《圣多马的殉难》、戈雅《米盖尔·德拉迪萨瓦尔》、埃尔·格列柯《祈祷中的基督》、凡·戴克《亚布拉罕和以撒在去献祭的路上》，还有布鲁赫斯、丁托列托、里贝拉、提埃波罗，这些画让宫殿有了心灵，让看画的人可以与时间一起安静流淌。

施坦伯格宫在城堡广场边一条小巷之中，很难偶遇。招牌也没有。1698 年建造，是伯爵的府邸。现在这里作为国家美术馆的一部分，藏有 14 到 18 世纪的欧洲艺术品。

走过《玫瑰花环盛宴》，丢勒 1506 年在威尼斯画的。后来，被鲁道夫二世买到了布拉格。画中有圣母、婴儿耶稣、天使、花环、世间的皇帝、贵族，画家本人也站在画面右侧的树下。这也是这座宫殿中最荣耀的一件作品。

走过许多中世纪的祭坛画。幅面很小，都以金色做底，圣母、基督、受难、复活、十字架、血、荆棘的冠冕。因为小而亲近，倾听和诉

祭坛画

说都美。

离开，眼前都是金子的静默和低沉。

离开，走入壮丽的中庭，走入秋天这个幸福的下午。

游荡。在城堡西北边界，遇到一条建造在寂静之上的街。寂静，就是寂静。砖石的反光，青铜尖顶脂粉状的锈，红瓦屋檐的雨迹，白色烟囱的孤立，青藤围困住的时间，苔藓的慵懒，墙上的斑驳和怜悯。有半开的窗子，有窗外刚刚盛开过的花。半空中有看不见的梯子。

路牌很旧,写着"新世界"。

小街,小房子。建于 14 世纪中期,供建造城堡的工人们居住。"新世界"着过两次大火,1420 和 1541 年。现在所有的房子都是 17 世纪重建的。300 年以来,这里是布拉格的艺术区。居民并不富裕,但每座房子都有美好的名字和记号。1 号"金格里芬屋",住过天文学家、占星术士第谷·布拉赫。3 号"金梨屋",18 世纪建筑,是家老酒馆儿。21 号"白狮屋"的院子铺满常春藤。25 号"金犁屋",1857 年,著名的小提琴家亨德里·切克出生于此。

这些房子,看起来像无人居住,像藏着惊心动魄的东西。

小心地走,什么也不要碰触。

新世界的小街

想喝咖啡的时候，就会出现一家咖啡馆，即使是在空落落的新世界。

小馆儿只有两个男人。一个在柜台做咖啡，另一个在蜗牛样的房间招呼客人。不过五六张桌子。有一道门通向露台，从那儿可以看到邻居的后院和院中没有完成的雕塑。有一面窗子上的一块玻璃积了很厚的灰尘，有人在灰尘上画了一张脸。

在角落坐下，侍者端来一块小木板，三个小杯子。一杯热水，一杯奶脂，一杯埃斯派索，比黑夜还要黑。

这时候，应该有笔，应该写点儿什么，来消磨由这个季节创造的过剩的想象力。

新世界咖啡馆

新世界走到底，连着切尔宁斯卡（Černínská），另一条气质完全相同的街。除了 97 号孤悬的黑色木阳台和两只人头状的花盆，曾在动画电影《浮士德》里翻滚的人头。

这里是扬·史云梅耶的家。

法国《电影手册》说："对于人生超现实的悲观诠释，只有文学巨擘卡夫卡可以和史云梅耶相提并论。"

《纽约客》说："影迷被分成了两类，一类是从来没有听说过史云梅耶的，还有一类是看过他的作品并且知道自己遇到了天才的。"

1934 年 9 月 4 日，史云梅耶生于布拉格，这座城是他的童年。"全身心投入你钟爱的事，除此外没有更好的办法。这些迷恋来自于你的童年，巨大的财富正深埋于你的童年之中。这个财富之门必须永远向着童年打开，它无关乎记忆，而是情绪，不存在于意识，而是深藏在潜意识中。让这条地下河流在真实的自我中流淌，关注这种感觉，但是同时，释放自我。当你拍摄电影时，你必须 24 小时沉浸于中。然后所有的迷惑、童年就不知不觉融入你的电影。这样一来，你的电影就达到了纯真的胜利，这就是它的意义所在。"

这座城是他的一生。他在布拉格表演艺术学院学习，进入红绿灯剧院、灯笼剧院工作。1964 年，他完成了第一部电影《最后把戏》。此后，他成为超现实主义者。1965 年，《一段巴哈狂想曲》获得戛纳电影节评审团奖。由于怪诞和令人不安，1972 年，捷克政府一度禁止他拍电影，史云梅耶像许多电影人一样被打压。20 世纪 80 年代之前，他是西方电影界的陌生人。1982 年，《对话的维度》被称为"类似卡夫卡的情感故事"，获得柏林的金熊奖。之后是《艾丽丝》《浮士德》《极乐同盟》《贪吃树》《疯狂疗养院》，以及一系列短片，让世界看到了又一个绝妙的捷克人。

米洛什·福曼对他的评价是:"迪士尼+布努艾尔=扬·史云梅耶。"

他的动画片,你可以不喜欢,但一定难忘。他是"炼金术士"。"我从不自称动画电影制作者,因为我对动画技术或创造一个完全的假象没有兴趣,我的兴趣在于给日常物体带来生命。"

史云梅耶是布拉格式的,布拉格也是史云梅耶式的。

伊娃·斯凡克梅耶娃,1940年出生于中波希米亚地区的小镇,1958年来到布拉格。她先是学习室内设计,后来进入表演艺术学院的戏剧系学习。1970年开始是捷克斯洛伐克超现实团体的活跃分子,是画家和陶艺家。她与史云梅耶1961年相遇,1963年结婚。伊娃参与了史云梅耶的作品《艾丽丝》《浮士德》《极乐同盟》的制作。他们有两个孩子,维罗尼卡和瓦茨拉夫。

这幢房子曾是他们的家。非常旧,屋檐破了,墙上都是大雨的痕迹,一地青苔。大门左侧曾是他们共同经营的超现实主义画廊甘布拉(Gambra),曾堆满了奇思妙想的艺术品和书。

伊娃2005年去世。现在,画廊处于关闭状态,招牌也没了。

这是一段影片的开头:

镇上的小酒吧。时间是周一,酒吧关着。椅子倒扣在桌上。酒吧空着,除了坐在一角的六个业余演员,他们正在排练恰佩克兄弟的"昆虫戏"。屋子中间是凸起的舞台,布景是第二幕……

史云梅耶将《昆虫》称为他的最后一部作品。根据恰佩克的戏剧《昆虫生活》改编而成,他说:"恰佩克的这部戏剧是非常愤世的,这一点我很喜欢。昆虫的行为就像人,人的行为也像昆虫。这也让我想起卡夫卡和他的变形记。"

新世界

城堡
Pražský hrad / Castle

史云梅耶的家

游荡，向南，经过洛雷塔广场。

路边有一家玩具店，叫"摇摆木马"。万花筒、七巧板、积木、八音盒、各种布绒动物、各种上发条的小东西。坐在玩具中间的男人显然非常寂寞，听着风铃。

在风中晃动着跳舞的木偶。

买了一本詹姆斯·乔伊斯为孩子写的小书，《猫与魔鬼》，因为里面美好的小画儿。

走到佩特任山脚，斯特拉豪夫修道院就在大片秋色之中。白屋、红顶、青铜塔。

这是一座普雷蒙特雷修会的修道院，建筑于1143年。重要的是，这里有世上最美的图书馆。

先看神学馆。

"智慧始于对神的敬畏。"一侧铁门上方写着这样一行铭文。

1670年,哲学家、神学家杰瑞米·伊恩海姆成为修道院院长,他着手建筑了图书馆,1679年完工。50年后,由修道院的修士和画家希亚德·诺舍斯基一起创作了壁画,主题来源于《圣经》,主要是"箴言"。

建筑是巴洛克风格的典范,在几个世纪中不停修建又不停被破坏。时至今日,阅览室依然在使用。藏书20万册,手稿3000部,1500部初版书。馆室两侧有许多地球仪,一些来自16、17世纪以制作地图和地球仪著名的鹿特丹布芳家族。大厅的北墙收藏的全部是各种版本不同文字的《圣经》。1993年,图书馆进行了内部翻修,重新设计了旅游路线,以保护图书。

再看哲学馆。

1799年,修道院院长瓦茨拉夫·梅耶主持了哲学图书馆的建筑,目的是安置来自南部摩拉维亚卢卡修道院的图书,该修道院毁于1784年。

威尼斯的洛可可大师安东·玛尔贝奇在14米高的天花板上创作了壁画《人类的知识进步》,描述的是科学与宗教的发展以及相互影响。画面中既有亚当、夏娃、挪亚、所罗门、大卫、摩西十诫,也有亚里士多德、苏格拉底、第欧根尼、毕达格拉斯。围绕着的是精美的巴洛克藏书柜。18世纪末和19世纪初,图书馆在欧洲文化圈变得非常有名,许多大人物来访。由于修道院的原因,女人很少被允许进入。1812年6月17日,拿破仑的皇后玛丽·路易莎走进了这间图书馆。当年秋天她赠送了图书馆许多书和一套维也纳瓷器,最贵重的是一套四卷本的《罗浮宫》。

丹尼尔·克雷格2006年出演了他的第一部007电影《皇家赌场》,影片的大部分外景都是在巴兰多夫电影制片厂拍摄。哲学馆在片中作为英国国会下议院内景出现,镜头中走来的是M夫人。

新世界　　　　　　　　　　　城堡
Pražský hrad / Castle

神学图书馆

没有人可以进入，只能在门口张望。金碧辉煌，书籍能得到的尊重也不过如此了。

伊凡·克里玛在《布拉格精神》中说："在捷克一种对书籍的感情有着深厚的传统，它可以追溯到中世纪。虽然现在电视到处都是，但你很难发现一个家庭没有拥有一个若干藏书的图书室。"

走，沿佩特任山北缘，有一条街叫乌沃斯（Úvoz），直译为"山沟"，一边是谷地、小路、葡萄园、雾一样的树，一边是老房子。

24号，一幢淡紫色建筑，缱绻着花、果实、藤蔓，这是鲁尼屋（U Luny house），摄影师约瑟夫·索德克从1959年开始居住于此，直到

1976 年去世。这里是他的工作室,也是艺术家聚会之地,其中包括诗人塞弗尔特、画家杨·兹勒扎维、建筑师奥托·罗斯梅耶等一众人。从 1995 年起,故居成为摄影艺廊,也是装饰艺术博物馆的一个分支,展出索德克以及其他捷克摄影师的作品。

6 号,一间小馆儿。极不显眼。

打开的门,昏暗的灯。

昏暗中挂着诗句:"每天都是生命的开始。"

这是里尔克的诗,里尔克的小馆儿。

里尔克小馆儿

1875 年 12 月 4 日，里尔克生于布拉格。他是卡夫夫时代的另一个德语作家，在这座城度过了童年和大学时期。1899 年出版的小说集《两个布拉格故事》中，他称布拉格为"我的小母亲"。这间酒馆就曾是他的地方。

店面不大，虽然打了里尔克的旗号，但很有节制。简单的木头吧台、干净的杯子、安静喝酒的人。

侍者一一点着了蜡烛，照着一团团的细节。诗人的素描、诗句、穿行过的帘幕、面对过的镜子。墙上有脆弱的纸，有目光，来自那些永远孤独的人。

窗外，一个真正的秋日，正落叶纷飞。

小馆儿可以吃到传统的捷克美食。比如盘中的熏猪颈、家制香肠配红色卷心菜、土豆煎饼、捷克饺子。

味道很好。

出门已是，一街橘灯和席卷的暮色。

前行不远，就是那家苦艾店，乌沃斯街就结束在那儿，连下来的就是聂鲁达街。也买了一支苦艾冰激凌，带着它非比寻常的绿色，越走越远，像一个深深的遗憾。

> 此刻有谁在世上某处哭，
> 无缘无故在世上哭，
> 在哭我。
>
> 此刻有谁在夜间某处笑，
> 无缘无故在夜间笑，

在笑我。

此刻有谁在世上某处走,

无缘无故在世上走,

走向我。

此刻有谁在世上某处死,

无缘无故在世上死,

望着我。

施坦伯格宫(Šternberský Palác/ Sternberg Palace)
Hradčanské náměstí 15, Hradčany
地铁 A 线 Malostranská 站,转乘电车 22 路到 Prazsky hrad

新世界(Nový svět/ New World)
地铁 A 线 Malostranská 站,转乘电车 22 路,23 路到 Brusnice 站

新世界咖啡(Kavárna Nový svět)
Novy Svet 87/2,Prague

史云梅耶故居
Černínská 97/5
地铁 A 线 Malostranská 站,转乘电车 22 路,23 路到 Brusnice 站

摇摆木马玩具店(Hračky Houpací Kůň/Rocking Horse Toy Shop)
Loretanske namesti 3

新世界　　　　　　　　　　　城堡
　　　　　　　　　　　Pražský hrad/Castle

斯特拉豪夫修道院（Strahovsky klaster/strahov Monastery）
Strahovské nádvoří 1/132
地铁 A 线 Malostranská 站，转乘电车 22 路到 Pohorelec

里尔克小馆（Restaurant Rainer Maria Rilke）
Úvoz 169/6，Hradčany
地铁 A 线 Malostranská 站，转乘电车 22 路

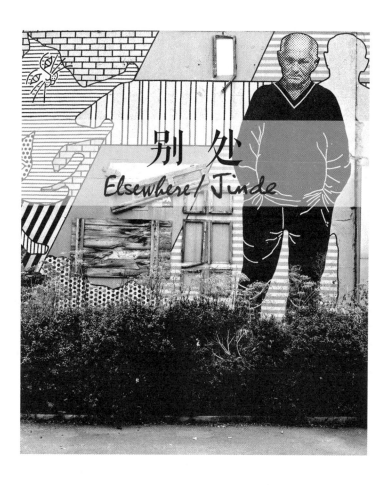

第七区

1999年12月，布拉格地铁的广告看板上出现了一封情书，一个男人写给过去的女友罗拉："你什么都没留下，只留给我思念。"此后半年，每隔一个月都会出现一封公开的情书……

这是米哈·伊维的小说《6封布拉格地铁的情书》。写的是一则捷克当代爱情，罗拉的玩笑、眼泪、嘲弄、不能承受的种种、奋不顾身的种种。米哈·伊维，1962年出生的布拉格人，写过《悲惨生活的极乐时光》《在波希米亚养育少女》，都是畅销书，都挣钱，是新一代作家，富有者。

布拉格地铁大部分是苏联造，1974年开通，现有A、B、C三条线，长度62公里，61个车站。

在人群中，走向的车站在伏尔塔瓦河左岸，B线，站名是"天使"（Anděl）。

1987年，维姆·文德斯拍摄了电影《柏林苍穹下》。冷战末期，柏林的守护天使达米尔在城市上空游荡、飞翔，在人间之上，注视尘世，

天使地铁站

倾听心灵。玛瑞安是马戏团的女艺人,表演空中飞人,充满希望又孤独地生活。他爱上她。为此,他变成人,他流血、看到颜色、抽烟、喝咖啡,最后,在一间酒吧与她相遇……

1998 年,法国建筑师让·努维尔以这部电影为灵感,重新定义了"天使"站。

此时,庞大的黑衣天使,站在整幢建筑的玻璃墙上,收起翅膀,背负着阴云和灯火,静默,看这个路口,看有轨电车交错,看人们走来。

那时,一列车刚走,在站台上,等下一列。

天使站也是电影《柯利亚》的场景。

卢克是一名大提琴师。他信奉"音乐家不能结婚",但是他也拒绝不了女人。

失去国家管弦乐队的职位,为了谋生,卢克做些零七八碎的事儿,在葬礼上演奏哀乐,或者用金粉修补墓碑上的名字。他还是欠了债。之后,他做了一场交易:跟一个苏联女人假结婚,让她得到捷克身份,从而得到一笔钱。

可是,这个苏联女人很快去了联邦德国找她的情人,把5岁的儿子柯利亚留给了在捷克的姑妈。姑妈去世,柯利亚被送到卢克的住所。他们语言不通,互不相识,可是,不得不在一起生活;可是,慢慢地,他们之间建立了某种情感。而这时,苏联女人从联邦德国回到捷克,要把儿子带走……

地铁站在片中出现过几次,最重要的一场戏是,卢卡和柯利亚在B线地铁上走散了。他们急切地寻找对方。导演以主观镜头从柯利亚的视角进行拍摄。他们最终在天使站重逢。从那一刻起,观众知道他们已无法分开了。

导演扬·斯维拉克1983年起在布拉格电影大学就读纪录片专业。学生时期,他的作品已非常出色。1988年的环保纪录短片获得美国奥斯卡"学生学院奖"。1991年,他拍了第一部电影《青青校树》,立刻获当年奥斯卡最佳外语片奖提名。

《柯利亚》拍摄于1996年。导演的父亲兹德涅克·斯维拉克是捷克著名演员和编剧,他在片中扮演了卢克。1997年,这部电影获奥斯卡最佳外语片奖。

第七区

为了找片中小演员,扬·斯维拉克去了五次莫斯科,前几次都一无所获。在开拍前一个月,他想到了一个办法。"我们让选角演员带着摄像机去不同的幼儿园寻找最调皮的孩子。通常捣蛋鬼都性格鲜明。"最后,他们找到了安德烈。他只学了一个捷克语词——"厕所"。斯维拉克说"他知道这个词的威力,它能让一百个成年人停下来并关上灯"。

地铁是只属于城市的隐喻,此刻,这列进站的车穿过的一定不仅仅是黑暗,席卷的一定不仅仅是风。

这个时候,乘客很少,每个人之间保持着遥远的距离。一个女孩子在玩着一只魔方,她快速地转,破碎的颜色在不停地相遇,分开,再相遇。

在慕斯塔克站(Můstek)下车,带着一种不完满的情绪,转A线,向北。

那个时候,一个青年上车,鞋子上粘着一片落叶。没有人知道他是在哪一站离开的,他们知道他把叶子留在了地上。每次门开,它都会翻滚。没人知道它属于的树,但他们知道,"在这个世界上,秋天深了"。

已是A线终点,戴维兹卡站(Dejvická),不会有下一站了。回到地面,已是布拉格第6区,在城堡北边不远,在布景般的阴天。

转过一处环岛,沿戴维兹卡街向南过两个路口。

一间剧院在一幢大楼底层,招牌写:"Semafor",意思是"红绿灯"。

1959年,剧作家伊日·苏希和作曲家费迪南德·哈维里克共同创立了这家剧院。迄今,它是捷克持续经营时间最长的当代剧院之一。演舞台剧、音乐剧以及各种形式的剧目。

捷克美女

这里是著名歌手卡雷尔·戈特和汉娜·海格洛娃出道的地方。

史云梅耶大学学的是舞台管理,毕业后就是为"红绿灯"工作,做木偶戏演员。

"红绿灯"也是米洛什·福曼经典电影《试音》的主场景,这部片子被认为是捷克新浪潮的第一部作品。1963年,福曼着手拍一部15分钟的纪录短片,主题就是作为音乐青年和反文化据点的红绿灯剧院。福曼着迷于那些看起来永不完结的试音和无数渴望被发现的年轻姑娘。福曼将自己的短片《如何没有音乐》融入了这次拍摄,最终形成了一部47分钟的"伪"纪录片《试音》。片中两个姑娘试音失败的故事是虚构的。但他使用的长镜头、极度特写、肢体语言等都是新浪潮的电影语言。剧院本身也为片中的"看"与"被看"、"个体"与"群体"的关系，提供了绝好的场景。而在现实中，片中女主角维拉·莎萨洛娃在1964年成为福曼的第二任妻子。

"你知道，整个60年代是复杂的。你知道，它一方面是残酷的，一方面又是可笑的。"他说。

1965年的《金发女郎之恋》和1967年的《消防队的舞会》都获得了奥斯卡最佳外语片奖的提名。1968年，布拉格之春，入侵发生时，福曼正在巴黎，商洽他的第一部美国电影。他被捷克电影厂开除，名义是非法出境。他没有回布拉格，而是去了纽约。之后，他成为哥伦比亚大学的电影教授。

"你知道，我想每个人都想在好莱坞拍一部电影。"他说。

1975年，他执导的《飞越疯人院》，获得了奥斯卡五项最重要的大奖，最佳男、女演员、最佳导演、最佳改编剧本和最佳影片。这种情况在奥斯卡的历史上只有三部。另外两部是1934年的《一夜风流》和1991年的《沉默的羔羊》。

1977年，福曼归化为美国公民。

福曼再回到布拉格是1984年，在严密监视下拍摄了《莫扎特传》。

20世纪60年代，"红绿灯"在新城瓦茨拉夫广场边上，后来曾迁移了多次，这里是最后的地址。与欧洲的许多剧院一样，"红绿灯"也经历着财务的危机，许多大制作的戏码如《花束》《吕西斯忒拉忒》难以为继。

不过，戏还在演，也总会有人来看戏，看人类如何解释自己。

画册里的画就像镜子里的心灵。

所以，乘51路有轨电车，向东，进入布拉格第7区。

霍洛肖维采（Holešovice），在伏尔塔瓦河的婉折之中，传统上这里是重工业区，现在是最具活力的艺术区。

所以，在卡梅尼茨卡站（Kamenická）下车，走5分钟，有一幢庞大的水泥玻璃的实用主义建筑，平直简单。

维勒特斯尼宫始建于1928年，历来是贸易展会的场所。1974年，这里几乎被一场燃烧了6天的大火毁灭。1976年，开始重建并成为国立美术馆的一部分。藏品为现代艺术，是中欧最大的美术馆。它在布拉格的核心街区之外，摆脱了大多数的游客。

所以，一定要来。

看看凡·高1889年画的《青玉米》、高更1902年画的《飞行》、劳特雷克1892年画的《红磨坊》、塞尚1896年画的《约阿希姆·加斯奎特肖像》、莫奈1875年画的《两个女人在花丛中》、雷诺阿1875年画的《情人》、克里姆特1913年画的《贞女》……

毕加索在美术馆中占据一个大展厅，包括两张自画像和其他抽象作品。

捷克本土画家有穆夏、弗朗齐歇克·库普卡等人的作品。看看穆夏的《斯拉夫史诗》。

离开，同时带着深深的获得和淡淡的失去。

第7区不仅如此。

头发上的十字

从门前大道向北,是渐渐浓重的工业区氛围。厂房、空地、来历不明的烟囱、不知去向的管道、露水与铁锈的风。

向东转上纳扎多那什街(Na Zátorách),一直走,一定会与DOX相遇。

"在这个思想趋同的危险时代,艺术有能力勒住我们惯性的观看方式,即使只有一个片刻,都会体现它最大的价值。"这是DOX的铭文。

DOX中心成立于2008年,建筑原是一幢1901年的钢铁厂房,现在是一处多功能的艺术空间,着力展现当代美术、建筑、设计,是布拉格的前卫艺术中心,类似于此前的伦敦的港区、纽约的苏荷、哥本哈根的霍尔曼、阿姆斯特丹的港区。

艺术是一种病毒

　　DOX这个词源自希腊词"doxa",表达一种感知事物的方式,一种观念,一种信念。

　　一系列简约神秘的建筑。墙上有蓄意的涂鸦、煽动性的口号,屋顶一只巨大的红色头骨风向标,来回摆动。进入的空间充满了钢、玻璃、锐利、纯白、漫长、辽阔。油画、照片、活动影像、装置、景观、拆解、拼接。无理、含混、失序、不适、不确定。

　　现代艺术,只要一描述就会有荒唐可笑的语词出现,所以,不描述。

　　总之,它们都是带着尖刺的梦。

　　在DOX咖啡馆巨大的露台,旁边墙上钉着用旧鞋子拼成的基督,失去了十字架的基督。喝一杯加了阴云的咖啡。冷暖自知。

　　记得,一个墙角的一行字:"艺术是一种病毒。"

　　54号有轨电车,向东穿过伏尔塔瓦河最缓慢的一段,就是布拉格第8区,车停在帕拉莫夫卡站(Palmovka),地铁B线的终点。这里是布拉格的利本区,这里没有展示性的街,陈列的历史,没有雕像柱式,没有取悦于人的店铺。没有马车,没有游客。街边是庞大实用的公寓楼和低处的生活。走,几分钟,有一片停车场和一面长墙,墙上画着老年的赫拉巴尔，他穿着黑衣，他的影子是金色的。他站立在那儿，厌倦又怜悯地看着街对面破败的房子，不洁的涂鸦，与环境相配的走过的人们。

这是利本区堤坝巷 24 号，1950 年开始，他就住在这里，1956 年在这里结婚，一直到 1973 年。由于修地铁，房子在 1988 年拆掉了。

墙上印着赫拉巴尔作品中的段落，钉着旧居的窗子和门牌，还有作家热爱的猫。墙边有深深的野草，有烟蒂、酒瓶、可疑的气味。

80 岁生日，在老房子的位置，一块纪念铜牌被嵌在地上。现在，这是路，此刻，它蒙着尘土，也蒙着黄昏。

堤坝巷 24 号赫拉巴尔墙

离这儿不远，就是布洛夫卡医院。1997 年 2 月 3 日，赫拉巴尔看起来在试图喂鸽子的时候，从五楼的病房窗口坠下。他曾在几本书中写到过从五楼跳下自杀的情节。

作家被葬在宁布卡，赫拉帝绪特村（Hradištko）家族墓园。和他的父母、大伯、妻子在一起。按他的意愿，那是一口橡木棺材，刻上"波尔纳啤酒厂"（Pivovar Polná）。那里有他的童年和青春，他爱的人和他爱的酒。

"去热爱一切令人不舒服的荒凉的东西，去热爱那些没完没了的下雨的日子，天黑得很快的日子。"

天真的黑得很快。

> 红绿灯剧院（Semafor Theatre）
> Dejvická 688/27,160 00 Praha 6-Dejvice
> 地铁 A 线 Dejvická 站

> 维勒特斯尼宫（Veletržní Palác/ Veletržní Palace）
> Dukelských hrdinů 47 Prague 7 – Holešovice
> 地铁 C 线 Vltavská 站

> DOX 当代艺术中心
> Poupětova 1,170 00 Praha 7
> 地铁 C 线 Nádraží Holešovice 站

> 赫拉巴尔墙
> 24 Na Hrázi ul. – Libeň
> 地铁 B 线 Palmovka 站

有光的一天

这是有光的一天。

细小的光明,在河水和钢轨之上,在一面正打开的窗,在树、屋顶、在城市的高处,在山上。在所有街的所有方向,宫殿、石头,街上走着的人,他们的手指、皮肤、外衣、背影,都粘着这种光明。正在倾倒的咖啡、已经在路上的马匹。还有一切飞翔的事物,鸟、落叶、肥皂的泡沫、钟声。不能更改的雕像、青铜、金子、墙上的文字和年份,都闪耀一种珍贵的东西。小的光明,就像第一个希望和第一次期待,第一次说出"永远"这个词。

作为对整个季节的补偿,这是有光的一天。

搭一列地铁,从秋天出发,抵达时已是冬天。

这是布拉格的抒情。

在有光的一天,走完兹利斯科霍尔站(Želivského)最后一级台阶。

"生命之所以有意义是因为它会停止。"

1924年,卡夫卡的结核病恶化。4月10日,他在迪亚曼特的陪同下

前往奥地利的克洛斯特新堡,在霍夫曼医生的疗养院进行疗养。由于喉头结核,进食变得异常痛苦。没有任何办法可以让卡夫卡吃下东西。他几乎是饿死的。6月3日上午,卡夫卡去世,死后遗体被运回布拉格。

布拉格的大师主要葬于伏尔塔瓦河边的高堡(Vyšehrad)。音乐家德沃夏克、斯美塔那、兹德涅克·菲比赫,画家阿尔丰斯·穆夏、米克罗斯·阿列什、马克斯·什瓦宾斯基,作家鲍日娜·聂姆曹娃、卡雷尔·恰佩克,诗人卡雷尔·希内克·马哈、扬·聂鲁达。歌剧演唱家艾玛·黛斯廷诺娃,雕塑家米斯尔·贝克……

除了卡夫卡。

1891年,为了缓解老犹太人公墓的空间问题,布拉格东郊济之科区(Žižkov)建立了新犹太公墓,有10万个墓穴,犹太作家阿尔诺什特·卢斯蒂格、诗人伊日·奥腾被埋在这里。

1924年6月11日,卡夫卡被埋在这里。

地铁站外,一转身,就是墓园。门口有露天花店,有微明的鲜花。
一块指示牌:"弗兰茨·卡夫卡博士,250米。"
一条小路,浓重的树的气味、黄叶、露水。
卡夫卡墓在最边缘,21—22区之间。
灰白石头,类似方尖碑,只是下方略窄,上方略宽。这是建筑师雷奥包德·埃尔曼设计的样式,作为卡夫卡的家族墓。他的父亲赫尔曼、母亲朱丽,在1931年和1934年相继去世后,与作家合葬一处。墓碑下方,另有一块黑色大理石,刻着三个妹妹的名字和出生年份:1889、

1890、1897。去世的时间模糊写着"1942—1943 年"——二战期间,她们都死在纳粹集中营。只有名字,没有尸骨。

在整个墓园中,这是唯一活着的地方。有人的痕迹,有零乱的郁金香、蜡烛、石子、硬币、留言。

诗人鲁道夫·福赫参加了卡夫卡的葬礼,他写道:"来的人很多。祈祷用希伯来文。他的父母和妹妹不胜悲恸,他的女伴绝望地沉默,像死人一样扑倒在墓穴上。天气阴沉,云雾中不时露出一角青天。上帝保证,我们简直不能相信卡夫卡被埋在那个箱子里,直接仰卧在木头上,卡夫卡,这个刚刚开始出名的诗人。"

卡夫卡墓

一位德国文艺批评家曾这样谈到卡夫卡:"作为犹太人,他在基督徒中不是自己人;作为不入帮会的犹太人,他在犹太人中不是自己人;作为说德语的人,他不完全属于奥地利人;作为劳动保险公司的职员,他不完全属于资产者;作为资产者的儿子,他又不完全属于劳动者,因为他把精力花在家庭方面;而'在自己的家庭里,我比陌生人还要陌生'。"

卡夫卡被埋葬,紧接着,布洛德背叛了他的遗嘱。于是,他又在接下来整个世纪中复活。

卡夫卡和他的作品被反复地染指。

1962年,奥逊·威尔斯将《审判》改编成电影,安东尼·珀金斯饰演约瑟夫·K,他曾演过希区柯克的《惊魂记》。女演员有让娜·莫罗和罗密·施耐德。威尔斯说:"《审判》这部电影是我最最伟大的作品,甚至比《公民凯恩》还伟大。"

1978年诺贝尔文学奖得主,艾萨克·巴什维斯·辛格在1962年写作了短篇小说《卡夫卡的一个朋友》。在这部用意第绪语写作的故事中,一个意第绪语演员杰克斯·科恩说他认识弗朗茨·卡夫卡。

赫尔曼·劳切尔以《变形记》为灵感写作了电影剧本《西瓜人》,1970年拍成了喜剧电影,讲述的是一个卖保险的白人一早醒来变成了黑人。

1985年,匈牙利作曲家库塔格·捷尔吉以卡夫卡日记和信件为背景创作了《卡夫卡——片段之24号作品》。

1986年,英国剧作家艾伦·班尼特写作了幽默剧《卡夫卡的那话儿》。在 1980 年的某天，让卡夫卡、布洛德以及卡夫卡父亲的灵魂显现。被卡夫卡诟病的父亲命令儿子必须为其平反，把他重写成一个慈父，否则他就将卡夫卡生殖器大小的真相告诉世人。

1991 年史蒂文·索德伯格拍摄了另类传记片《卡夫卡》。

1995 年，苏格兰导演彼得·卡帕尔蒂自编自导了 23 分钟的短片《弗兰茨·卡夫卡的美妙人生》，表现了卡夫卡写作《变形记》时灵感枯竭又不停地被打断。该片赢得了奥斯卡最佳真人短片奖。

2000 年，美国作曲家菲利普·格拉斯以《在流放地》为文本基础，创作了同名歌剧。2005 年，丹麦作曲家波尔·鲁德斯创作了另一部歌剧《卡夫卡的审判》。

2002 年，村上春树写了《海边的卡夫卡》。

2005 年，英国作家马克·克里克写了《卡夫卡的汤》，书中模仿了 17 位文坛名宿的笔法创作了一部类似烹饪的书。

2010 年，美剧《绝命毒师》第 3 季第 9 集，以"卡夫卡式"命名。

网络时代，卡夫卡依然当工，《坏蟑螂》是 1996 年的一款电脑游戏，情节来自《变形记》，游戏主要角色叫罗格·萨姆莎，暗指《变形记》中的格里高尔·萨姆莎，他有一只叫作弗兰茨的猫。

2013 年 7 月 3 日，在谷歌首页涂鸦，一只戴着帽子，像绅士一般拟人化的甲虫推开门，来纪念卡夫卡 130 岁的生日。

……

卡夫卡挚友约翰内斯·乌尔齐狄尔说："卡夫卡就是布拉格，布拉格就是卡夫卡。在卡夫卡的一生中，布拉格前所未有地完美而典型地成为她自己，而这一切也永远不会再重来。而我们，他的朋友，我们知道这个布拉格巧妙地弥漫在他所有的文字里。"

卡夫卡的背影

再回头时，布拉格已是一张黑白照片。

在第一场雪来临之前，在有光的一天。

这是他的城，K 的城。

新犹太人公墓（Nový židovský hřbitov /The New Jewish Cemetery）

Izraelská 712/1,130 00 Praha 3 – Žižkov（济之科区）
地铁 A 线 Želivského

卡夫卡索引

家

塔楼——卡夫卡出生地（1883年7月3日）

Namesti Franze Kafky 3
地铁 A 线 Malostranská 站

（1885年—1888年，卡夫卡家换了三次居所。这些房子都不复存在了。）

六角屋（1888年—1889年）

Celetná 2
地铁 A 线 Malostranská 站

分钟屋（Dům U Minuty /The House at the Minute）（1889年—1892年）

Staroměstské náměstí 2
地铁 A 线 Malostranská 站

三国王屋（At The Three Kings）（1892年—1907年）

Celetná 3
地铁 A 线 Malostranská 站

船屋（At the Ship）旧址（1907年—1913年）

Pařížská 30
地铁 A 线 Malostranská 站

奥佩尔特屋（Oppelthaus/Oppelt House）（1913年—1924年，断续居住）

Staroměstské náměstí 5
地铁A线 Malostranská 站

比尔科瓦大街10号（1914年）

Bílkova 10
地铁A线 Malostranská 站

金墨鱼屋（1915年—1917年）

Dlouhá třída 16
地铁A线 Malostranská 站

黄金巷（Zlatá ulička /Golden Lane）（1916年—1917年）

Zlatá ulička 110 00 Praha 1 – Hradčany
地铁A线 Malostranská 站，转乘电车22路到 Prazsky hrad

美泉宫（Schönborn Palace）（1917年）

Tržiště 15 Malá Strana
地铁A线 Malostranská 站

教育

德意志男子小学（1889年—1893年）

Masná 16
地铁B线 Náměstí Republiky 站

德意志阿尔特斯泰特中学（1893年—1901年）

金斯基宫（Palác Kinských / Kinský Palace）
Staroměstské náměstí 12

布拉格查理大学（Univerzita Karlova v Praze/Charles University in Prague）（1901年—1906年）

Ovocný trh 3-5
地铁B线 Náměstí Republiky 站

工作

意大利忠利保险公司旧址（1907年—1908年）

Václavské náměstí 25
地铁 A、B 线 Můstek 站

波希米亚王国工伤保险公司旧址（1908年—1922年）

7 Na poříčí
地铁 B 线 Náměstí Republiky 站

娱乐

庄园剧院（Stavovské Divadlo/Estates Theatre）

Železná Street / Ovocný trh
地铁 A，B 线 Můstek 站

鲁道夫音乐厅（Rudolfinum）

Alšovo nábř. 12
地铁 A 线 Staroměstská 站

国家歌剧院（Státní Opera/State Opera）

Wilsonova 4
地铁 A、C 线 Muzeum 站

卢塞恩电影院（Kino Lucerna/Lucerna Cinema）

Vodičkova 36
地铁 A、B 线 Můstek 站

国家剧院（Národní Divadle/National Theater）

Národní 2
地铁 B 线 Národní třida 站

咖啡馆

蒙马特咖啡馆（Café Montmarte）

Řetězová 7
地铁 A 线 Staroměstská 站

萨沃依咖啡馆（kavárna Savoy）旧址

Vězeňská 9
地铁 A 线 Staroměstská 站

罗浮咖啡馆（Café Louvre）

Národní 22
地铁 B 线 Národní třida 站

斯拉维耶咖啡馆（Kavarna Slavia /Café Slavia）

Smetanovo nábřeží 2
地铁 B 线 Národní třida 站

阿尔克咖啡馆（Kavárna Arco/Café Arco）

Dlážděná 6
地铁 B 线 Náměstí Republiky 站

墓地

新犹太人公墓（Nový židovský hřbitov /The New Jewish Cemetery）

Izraelská 712/1,130 00 Praha 3-Žižkov
地铁 A 线 Želivského 站

纪念

卡夫卡博物馆（Franz Kafka Museum）

Cihelná 635/2b
地铁 A 线 Malostranská 站

卡夫卡书店（společnost Franze Kafky /Franz Kafka Bookstore）

Staroměstské náměstí 12

卡夫卡吃货咖啡馆（Kafka Snob food Café）

Široká 12
地铁 A 线 Staroměstská 站

卡夫卡塑像

西班牙犹太教堂边（Spanelska Synagoga/Spanish Synagogue）
Vězeňská 1
地铁 A 线 Staroměstská 站